COLECCI

¿Por qué Malvinas?

Serie Breves
dirigida por
ENRIQUE TANDETER

Rosana Guber

¿Por qué Malvinas?

De la causa nacional
a la guerra absurda

FONDO DE CULTURA ECONÓMICA

México - Argentina - Brasil - Colombia - Chile - España
Estados Unidos de América - Guatemala - Perú - Venezuela

Primera edición, 2001

© 2001, Fondo de Cultura Económica, S. A.
　　　El Salvador 5665, 1414 Buenos Aires
　　　Av. Picacho Ajusco 227, 14200 México D.F.
　　　E-mail: fondo@fce.com.ar

ISBN: 950-557-420-7

Fotocopiar libros está penado por la ley. Prohibida su reproducción total o parcial por cualquier medio de impresión o digital en forma idéntica, extractada o modificada, en castellano o en cualquier otro idioma, sin autorización expresa de la editorial.

Impreso en Argentina - *Printed in Argentina*
Hecho el depósito que marca la Ley 11.723

Prólogo

La pregunta que encabeza este libro, "¿Por qué Malvinas?", conlleva a la vez el desafío y la invitación a repensar uno de los episodios más llamativos y menos analizados del proceso político argentino: el conflicto bélico entre la República Argentina y Gran Bretaña por las Malvinas e Islas del Atlántico Sur, acaecido entre el 2 de abril y el 14 de junio de 1982. Me alienta la idea de que emprender esa reflexión e intervenir desde un ángulo distinto en el saber que actualmente sostenemos sobre lo ocurrido no sólo es posible sino, además, conveniente.

En los años que vengo trabajando esta cuestión, las reacciones al tema han oscilado entre la frustración de algunos, la incomprensión de otros y la indignación de todos; pero mis interlocutores jamás revelaron indiferencia y demasiado pocas veces admitieron ignorancia. Sobre Malvinas siempre tenemos alguna sentencia inapelable a flor de labio, inspirada en algún relato rector que hemos ido forjando sobre nuestro pasado y nuestra entidad de "argentinos". Lamentablemente, esos relatos suelen excluir vehementemente otras interpretaciones posibles. Más aun, si, como muchos analistas han observado, los argentinos tendemos a pensar nuestro pasado como el resultado de sucesivos enfrentamientos entre dos fuerzas, esas interpretaciones suelen representarse como antagónicas, alojando en una clasificación dual aun a quienes tratan de eludirlas. ¿Acaso es posible repensar Malvinas desde otro lugar sin ser tachado de ingenuo, colaboracionista, promilitar, subversivo o antipatria?

La invitación a revisar estos saberes presuntamente indiscutibles conlleva entonces el desafío a esta lógica dualista que, por razones bastante concretas, ha campeado por tanto tiempo en la Argentina. Trataré aquí de presentar una lectura que creo diferente sobre "Malvinas" y sus múltiples sentidos, y sobre los modos en que "Malvinas" se ha internado en nuestras vidas, aun desde sentimientos tan entrañables para los argentinos como la frustración, la incomprensión y la indignación.

Para ello quisiera explicitar algunas advertencias y supuestos que me han guiado en su elaboración. En primer lugar, este libro no pretende dirimir si las Malvinas son argentinas o británicas. Si debo definirme sobre la cuestión, para así conseguir la decisión del lector de acompañarme a lo largo de estas páginas, diré que para mí "las Malvinas son argentinas" pero por razones mucho más complejas y poderosas que las jurídico-estatales. Por eso intentaré establecer los modos en que los argentinos las hemos hecho nuestras, más allá de razones jurídicas, de las resoluciones de las Naciones Unidas y de los términos de una fugaz recuperación.

En segundo lugar, este libro no pretende evaluar, descalificar o ponderar a sector civil, político, militar o intelectual alguno. La corrupción del frente argentino en 1982, las imprevisiones logísticas, los desajustes tácticos y la "barbaridad" o el "escándalo" del apoyo masivo a la guerra han sido los temas preferidos del periodismo y del análisis político y, ciertamente, de los estrategas cuyo conocimiento debe partir del análisis de las experiencias bélicas. Por mi parte, sólo aspiro a una tarea de re-conocimiento basada en la debida fundamentación, con un sesgo interpretativo sobre "lo que se desconoce", en el doble sentido de "no reconocerse como propio" y de "ignorarse" por indiferencia o falta de información. Mi objetivo será mostrar distintos posicionamientos con respecto a Malvinas y cómo esos posicionamientos han sido construidos en un largo camino donde la noción de "guerra" siempre nos acompañó.

En este sentido, parto del supuesto tan caro a los antropólogos de que las acciones colectivas, por más extrañas que parezcan, merecen una explicación seria y fundada también en la lógica de sus protagonistas. Se podrá decir que los pueblos pueden "volverse locos" o entrar en la "histeria colectiva", como en el caso del nazismo o del grupo suicida del reverendo Jones. ¿Pero qué hacer con estos calificativos? El argumento que aquí propongo circulará, más bien, por los carriles del re-conocimiento de los actores políticos y sociales, sus lógicas conceptuales y prácticas, las decisiones resultantes y los efectos de sus decisiones. Si científicos sociales, artistas y psicoanalistas han tratado de descifrar cómo es posible que un ser humano premeditadamente extinga o someta al sufrimiento a sus congéneres, a través de la guerra, la tortura o el hambre, ¿por qué no indagar, en "Malvinas", qué reunió a personalidades tan diversas y también clarividentes, a perspectivas tan dispares y lúcidas, a militares y civiles, a políticos en tiempo de "veda partidaria" y a funcionarios de un régimen autoritario, a argentinos en el país, a exiliados y a presos? Es claro que esta pregunta vale siempre y cuando haya voluntad para la indagación, y, lamentablemente, como se verá, creo que hay poderosas razones para que esa voluntad quede clausurada bajo los epítetos de "fiasco", "aventura irresponsable" y "locura".

Mi primera respuesta al interrogante de ¿por qué Malvinas? es, entonces, que vale la pena repensar Malvinas porque aprenderemos mucho de la sociedad argentina y de una categoría que es tan evidente como implícita en la lógica de nuestros comentarios cotidianos, en nuestra historia y en nuestra conducta política, y que, considero, goza aún hoy de muy buena salud: la Nación. Soy consciente de que buscar lecturas alternativas sobre qué hemos hecho los argentinos con y de la nación argentina, tan habitada de muertos y de almas sin morada, tan pasional y vergonzantemente nuestra, es una tarea arriesgada y, además, poco gratificante. Cuando el dolor se adueña de la historia, el pasado es un trofeo y un arma, una cuestión de vida o muerte, un campo de batalla. Pero por suerte las interpretaciones no están atadas a los hechos. Los sentidos que los argentinos fuimos forjando de ciertos tramos del pasado siguen abiertos a nuevas miradas que nos permiten reconocer las lógicas propias del diálogo entre los protagonistas y sus circunstancias. Este libro es, pues, una invitación a sumergirse en estos intercambios y a revisar algunos de sus legados.

Es difícil agradecer a todos aquéllos que colaboraron en la provisión de material escrito y oral, en la composición de ideas, en la marca de correcciones y en la compañía para el debate. Sabiendo que probablemente este argumento no haga plena justicia a lo que todos ellos piensan o han pensado, ciertamente les debo buena parte de este intento.

El Consejo Nacional de Investigaciones Científicas y Tecnológicas, la Fundación Fulbright, el Atlantic Program de la Johns Hopkins University y la Fundación Antorchas me facilitaron distintos segmentos de esta investigación; mis profesores Gillian Feeley-Harnik, Katherine Verdery y Michel-Rolph Trouillot me sensibilizaron, desde la Johns Hopkins University, a un mundo complejo donde nación, memoria y muerte entretejen sus hilos de maneras peculiares en todas las sociedades humanas; los profesores Carlos Waisman, Peter Smith y Paul Drake, de la Universidad de California en San Diego, me alertaron sobre algunas dimensiones de la sociedad y la política en nuestra turbulenta América Latina; mis sucesivos interlocutores Blas Alberti, Eduardo Archetti, Emma Cibotti, Lindsay Dubois, Martín Espeche, Susana Ferrucci, Aníbal Ford, Martha Giorgis, Alejandro Grimson, Ester Kaufman, Federico Neiburg, Homero R. Saltalamacchia y Julie Taylor me alertaron en distintos sentidos de mi investigación.

Me facilitaron sus materiales para ir reconstruyendo la historia, y la historia de la historia, Miguel Rodríguez Arias y sus *Patas de la Mentira*; Emilio Cartoy Díaz, de TEA; Carmen Guarini, de Cine OJO; José Luis Muñoz Azpiri (h.), Ricardo Ahe y Federico Urioste, con sus archivos personales; me abrieron sus puertas Ricardo Kirschbaum y la gente del archivo *Clarín* coordinados por Agustín Maurín; Liliana Maghenzani y Teresa Avensa del archivo de *La Nación*; Luis Sartori en Editorial Atlántida, y Horacio Villalobo, de *Diario Popular*.

Me dispensaron su tiempo numerosos militares de las tres fuerzas armadas y, a riesgo de olvidar a alguno, les agradezco conjuntamente.

Agradezco muy especialmente a los ex soldados combatientes y veteranos de guerra que me sensibilizaron profundamente en el tema Malvinas, y, aunque serán el corazón de una futura publicación, están en cada línea de estas páginas.

Agradezco la receptividad de la revista *Avá*, del Posgrado en Antropología Social de la Universidad Nacional de Misiones; de la *Revista de Investigaciones Folclóricas*, y de la *Revista de Ciencias Sociales*, de la Universidad Nacional de Quilmes; de *Mana*, del Programa de Posgraduación en Antropología Social del Museo Nacional de Río de Janeiro, de *Mosaico* del Centro de Estudios Generales de la Universidad Federal de Espíritu Santo, Brasil, y de la *European Review of Latin American and*

Caribbean Studies, del CEDLA, que publicaron versiones preliminares de secciones de este volumen.

Agradezco a Enrique Tandeter su interés y disposición para publicar este trabajo, y las lúcidas sugerencias de Santiago Álvarez, Héctor Jaquet, Federico Lorenz, Federico Neiburg, Laura Rodríguez, Hilda Sábato, Pablo Semán, Germán Soprano y Sergio Visacovsky, que me ayudaron a hacerlo.

Por fin le agradezco a Enia Favret ideas clave de la vida que utilicé en estas páginas; a mis padres, Rebeca Cherep y José Guber, que siempre se animaron, y a Sol que es, desde hace tres años, el mejor de mis frutos.

Introducción

> "El pingüino la vela, la gaviota le trae
> cartas de libertad.
> Ella tiene los ojos en sus canales fríos.
> Ella está triste de esperar. [...]
> Hasta que el brazo patrio no ancle entre
> sus alas,
> ella se llama Soledad."
>
> José Pedroni
> (en *Da Fonseca Figueira*, 1978, pp. 68-69)

Que después de 1982 "Malvinas" se interprete inmediatamente como "la guerra" es tan natural como engañoso. Durante más de un siglo "Malvinas" —referido como un sustantivo singular, y no como "las islas"— se ha ido poblando de distintos sentidos y términos bien diferenciados que, en principio, aluden al territorio geográfico, a la reivindicación o causa de soberanía territorial, y al conflicto bélico de 1982. En estas páginas intenté averiguar "por qué" esos referentes pudieron articularse en un símbolo —"Malvinas"— con el cual los argentinos sintetizaron diversos sentidos, a menudo opuestos, de su argentinidad.

En su primera acepción, las "Islas Malvinas" son un archipiélago sudatlántico ubicado en el Mar Argentino del Océano Atlántico, entre los 50° y los 52° latitud Sur, y entre los 57° y los 61° longitud Oeste, integrado por dos islas mayores –Gran Malvina y Soledad– y más de cien islas e islotes. Conocida en la literatura angloparlante como "Falklands", y a las dos islas mayores como West y como East Falkland fueron ocupadas desde el 1° de enero de 1833 por Gran Bretaña y sustraídas del dominio rioplatense de la Gobernación de Buenos Aires.

A partir de entonces, y he aquí su segunda acepción, los gobiernos bonaerenses primero, y argentinos después, vienen reivindicando continua y sistemáticamente el "territorio usurpado" mediante presentaciones al gobierno inglés y a los organismos internacionales (OEA, ONU, etc.), aunque sin resultados definitorios. Desde el punto de vista argentino, el archipiélago de Malvinas y por extensión las Georgias del Sur y Sandwich del Sur se cuentan entre los territorios que las Provincias Unidas, años después República Argentina, heredaron de España al declarar su independencia el 9 de julio de 1816.

Este *statu quo* fue interrumpido en 1982 durante 74 días, cuando la tercera junta militar del gobierno argentino autotitulado "Proceso de Reorganización Nacional" que rigió al país entre el 24 de marzo de 1976 y el 10 de diciembre de 1983, tomó por la fuerza la capital isleña Port Stanley y diseminó efectivos terrestres, marítimos y aéreos en las dos islas mayores a la espera de una reacción enemiga. En menos de un mes, el personal argentino y los 1.800 habitantes conocidos como *kelpers*[1] supieron del arribo de la Royal Task Force tras unos 13 mil km de travesía. El 1° de mayo comenzaron los combates aeronavales y el 21 del mismo mes infantes de marina reales y paracaidistas desembarcaron en la bahía de San Carlos, sobre el estrecho homónimo que separa las islas Soledad y Gran Malvina. Después de 24 días de avance hacia el Este las fuerzas británicas ocuparon Puerto Argentino el 14 de junio y la Union Jack fue izada nuevamente.

Islas, reivindicación de soberanía y guerra son los componentes de un mapa malvinero que, sin embargo, debe ponerse en movimiento. Y el primer movimiento se vislumbra al analizar los conectores y los sentidos en la articulación de estas tres acepciones. Dicho burdamente ¿por qué la reivindicación territorial diplomática sobre un archipiélago de 11.718 km² de superficie helada durante ocho meses al año, arrasada por vientos de hasta 130 km/h, poblada por unas 360 ovejas por habitante (Cura y Bustinza, 1970; Destefani, 1982; Ejército Argentino, 1983)[2] y sin yacimientos petrolíferos considerables desembocó en la única

---

[1] *Kelpers*, gentilicio de los isleños de las Falklands, deriva del alga marina común en sus costas, el *kelp* (Foulkes, 1983).

[2] Es difícil dar con las razones del conflicto desde un punto de vista estrictamente material. La pesca fue un recurso desechado por las políticas económicas argentinas, más proclives a favorecer la exportación agropecuaria. El Mar Argentino fue explotado por buques extranjeros —japoneses, alemanes, coreanos, rusos, españoles— recolectores de calamar, krill, merluza, centolla y langostino. Unos 20 mil hom-

guerra que protagonizó la República Argentina durante el siglo XX?

Ciertamente, esta pregunta no es nueva. Los argentinos y en particular buena parte del periodismo y de la literatura en ciencias sociales ha respondido en la posguerra que la causa de Malvinas fue instrumentada por la dictadura con el fin de perpetuarse en el gobierno. Para ello se habría valido de la irracionalidad inherente a una causa patriótica que como todo nacionalismo permitía manipular las voluntades de los sectores más diversos y alinearlos bajo el mismo bando (la misma "bandera") de la Nación. Efectivamente, tanto el conflicto anglo-argentino como esta interpretación, por demás extendida, ponen de manifiesto la importancia de la categoría "Nación" en la historia de la Argentina moderna y especialmente en gran parte del siglo XX. Sin embargo, esta significatividad no se ha correspondido con interpretaciones que, aplicadas a Malvinas, superaran los encuadres político-ideológicos y dieran cuenta de los múltiples sentidos con que la Nación emergió, tan recurrentemente, en la experiencia política y social de los argentinos.[3] La

---

bres y una flota de más de cien unidades –con apoyo logístico y diplomático estadounidense– se desplazaban por la mitad del globo terrestre para enfrentar a unos 13 mil argentinos con amplio despliegue aeronaval y terrestre (Middlebrook, 1989, p. 63; Cardoso *et al.*, 1986; Costa, 1988; Moro, 1985; Taylor, 1988).

[3] Para estudios sobre organizaciones y corrientes de pensamiento autoadscriptas como "nacionalistas", véase Navarro Gerassi, 1968; Barbero & Devoto, 1983; Buchrucker, 1987; Floria, 1998; Rock, 1993.

salida más frecuente al espinoso problema del masivo apoyo a la causa de Malvinas es atribuirle, en tanto interpelación nacional, una fuerza tan inconmensurable como inmediata para la dominación autoritaria, para así resolver-encubrir-postergar conflictos internos y desgobiernos sumidos en la ilegitimidad.

Sin desechar por completo este tipo de interpretaciones, e incluso admitiendo que tal pudo ser el caso en 1982, conviene advertir que gobiernos, estados y pueblos hacen distintas cosas con "la Nación", como con otras categorías de pertenencia. Habida cuenta de la derrota argentina, fallos en materia logística, erradas decisiones estratégicas y deficiente conducción militar, además de la caída del propio régimen, pareciera lógico asociar la iniciativa bélica al mundo de la sinrazón, la aventura y hasta la patología mental. Pero éste sería un razonamiento *expost* que culminaría en una tautología, dejando pendiente de explicación el lugar de las causas nacionales, no tanto como esencias inmanentes, sino como construcciones sociohistóricas.

Este libro propone revisar las certezas sobre Malvinas reconociendo —dando un lugar a— la experiencia de los protagonistas y su conceptualización de ella. Al preguntarnos por qué y cómo la reivindicación territorial-diplomática de Malvinas desembocó en una guerra internacional, y al preguntarnos qué hicimos los argentinos con las islas, la reivindicación y la guerra después de la derrota, no pretendemos sumergirnos en el psiquismo de gobernantes y gobernados, veteranos de guerra y civiles o militares que jamás "cruzaron el charco", sino en las nociones y prácticas con que todos hemos llenado con distintos sentidos a nuestro lugar en el mundo y a nuestra coexistencia bajo un mismo Estado.

Esta perspectiva se ubicaría en la esfera de "lo cultural", pero con la salvedad de entender por ello, más que una caja negra de valores y normas inherentes a "los argentinos", los procesos mediante los cuales los grupos humanos inventan símbolos que les permiten expresar sus consensos y disensos, sus oposiciones y sus negociaciones, su existencia temporal y espacial. "Malvinas", entonces, no sería una esencia de los argentinos sin la cual dejaríamos de ser tales, sino un vehículo construido para expresar una presencia y una historia tumultuosa, inquietante y frecuentemente sanguinaria. "Malvinas" es una ventana hacia los modos en que los argentinos nos hemos habituado, a veces de manera imperiosa, a vivir, pensar y actuar, a imaginarnos el mundo y a nosotros en él.

Desde este punto de vista, la pregunta del título conlleva, además de cierta ambigüedad semántica, una perplejidad que transmiten y reproducen las versiones más corrientes acerca del (sin)sentido de aquella guerra, de su consiguiente derrota, y del respaldo masivo que recibieron los autores de la iniciativa político-militar. "¿Por qué Malvinas?" puede traducirse en "cómo fue posible la guerra" indicando, precisamente, una ruptura de la familiaridad con el pasado cuyo decurso habría dejado de concebirse como un fluir natural y lógico, y por lo tanto previsible. En verdad, las guerras no se viven del mismo modo en la historia y en el mundo; ni siquiera un mismo pueblo pondera sus experiencias bélicas de la misma forma. Pero por su dramatismo y arbitrariedad, las guerras son muy proclives a convertirse en hitos y quiebres de las certezas, sobre todo cuando terminan en derrota. Las elaboraciones de estas experiencias que a través del recuerdo encaran los pueblos, nos abren a una dimensión vital para la existencia de una nación y para la reproducción y proyección de una sociedad: "¿Por qué Malvinas?" es, entonces, un interrogante que conlleva el supuesto de que los argentinos hemos construido distintas imágenes de Malvinas y distintos lugares para ellas en la narrativa histórica y también en la personal.

Dado que 1982 es el punto de inflexión del campo temático referido como "Malvinas", sea porque el conflicto armado devino el final de una etapa, sea porque toda consideración en la posguerra sobre la soberanía argentina del archipiélago en disputa está marcada por los hechos bélicos, el primer capítulo está dedicado a los 74 días del conflicto. Pero la atención se centrará no tanto en lo que ocurría en las islas, de lo cual tanto se ha escrito,[4] sino en la porción continental argentina, y de

[4] Entre otros, véase Aguiar, 1985; Bonzo, 1992; Busser, 1987; Costa, 1988; Ejército Argentino, 1983; Freedman, 1988; Freedman y Gamba, 1990; Goldblat y Millan, 1983; Hastings y Jenkins, 1984; Kinzer-Stewart, 1988; Matassi, 1990; Middlebrook, 1989; Moro, 1985; Piaggi, 1994; Robacio y Hernández, 1996; Ruiz Moreno, 1986; Woodward y

aquí nos interesa menos el proceso decisorio de las cúpulas castrenses y diplomáticas[5] que el sentido colectivo —convergente y divergente a la vez— con que los argentinos construyeron lo que en términos corrientes se llamó "la recuperación". Este capítulo suministra alguna evidencia sobre la popularidad de la iniciativa militar y analiza cómo los argentinos de distintos sectores sociales y políticos basaron esa popularidad en distintos conceptos de Nación que, además, diferían de los sostenidos en otros tiempos.

El segundo capítulo se ocupa, precisamente, de cómo los argentinos fueron haciendo de Malvinas un emblema de la Nación, cuyos sentidos se fueron reformulando y articulando con el esquema institucional de una nacionalidad territorial por contrato ciudadano. El propósito es mostrar, en una velocísima pero significativa recorrida de aproximadamente cien años, de qué modo argentinos y extranjeros contribuyeron a reunir las Islas Malvinas con la Nación y el pueblo, forjando las bases de

---

Robinson, 1992. Testimonios autobiográficos y biográficos de ex soldados conscriptos que participaron en Malvinas pueden encontrarse en Kon, 1982; Túrolo, 1982/1985; Terzano, 1985; Farinella, 1985; Balza, 1986; Manzilla, 1987; *Todo es Historia*, 1990; Esteban y Borri, 1993; Speranza y Cittadini, 1997; Menéndez, 1998. Para cronologías del conflicto de 1982 véase Larra s/f; *Latin American Newsletters*, 1983; OFMLVIM, 1991.

[5] Entre otros véase Cardoso *et al.*, 1986; Costa Méndez, 1993; Verbitsky, 1984. Análisis políticos pueden encontrarse en Borón, 1988; Borón y Faúndez, 1989; Cavarozzi, 1985, 1986; Corradi, 1982, 1985; Dabat y Lorenzano, 1984; Landi, 1982; Waisman, 1989; Torre y de Riz, 1993.

una extensa y vigente "causa nacional y popular". Esta interpretación relativiza la importancia que suele atribuirse al aparato escolar argentino como único agente de nacionalización de Malvinas y desmiente que la "causa" fuera el exclusivo producto del nacionalismo doctrinario de derecha. Malvinas se fue haciendo desde fines del siglo XIX y durante el siglo XX como un símbolo con distintos significados cuya capacidad de convocatoria se reveló, ostensiblemente, en 1982.

En el tercer capítulo se analiza qué hicieron los argentinos con Malvinas después de enterarse de la rendición. Adelantándonos un poco al argumento, este símbolo de unidad comunitaria argentina se transformó, literalmente, de un día para otro en un símbolo de vergüenza y antagonismo. En este pasaje de la viva voz al silencio y del aplauso a la denostación, llaman menos la atención los argumentos que solían esgrimirse, que el giro encarnado, en el antes y el después, por prácticamente los mismos protagonistas. ¿Cómo fue posible ese viraje y qué efectos tuvo en el concepto de Nación y en la vigencia del símbolo Malvinas? En este tramo se examinará ese giro con sus discontinuidades más evidentes y con sus continuidades encubiertas.

En suma, y como resultado, este libro pretende reflexionar sobre la argentinidad de las Islas Malvinas que, en el desasosiego y en la esperanza, nunca han dejado de estar con nosotros, incluso hasta en la muerte.

# 1. La guerra justa[1]

> "Tras su manto de neblinas
> no las hemos de olvidar
> '¡las Malvinas Argentinas!'
> clama el viento y ruge el mar.
> Ni de aquellos horizontes
> nuestra enseña han de arrancar,
> pues su blanco está en los montes
> y en su azul se tiñe el mar. [...]
> ¿Quién nos habla aquí de olvido,
> de renuncia, de perdón?
> ¡Ningún suelo más querido
> de la Patria en la extensión!"
>
> CARLOS OBLIGADO y JOSÉ TIERI [1941]
> (en *Da Fonseca Figueira*, 1978, p. 92)

El tono entusiasta de la noticia de la "recuperación" no podía sino remitir a una situación por demás paradójica. El Proceso comenzaba su sexto año de gestión, y el clima le resultaba ya francamente adverso. La tercera junta, estrenada el 22 de diciembre de 1981, e integrada por el comandante del Ejército Leopoldo F. Galtieri, el almirante Jorge Isaac Anaya de la Armada y el brigadier general

---

[1] Parte de los materiales de este capítulo fueron publicados en Guber (2001).

de la Fuerza Aérea Basilio Lami Dozo, acababa de enfrentar la primera movilización callejera y masiva llamada por la Confederación General del Trabajo (CGT) y apoyada por la mayoría de los partidos, aún en veda política, bajo el lema explícito "Pan y Trabajo", y el objetivo implícito de lograr una apertura democrática. Este llamado, que fue duramente reprimido y que culminó con un muerto y más de cien detenidos, era el producto de una oscilante y recesiva política económica que se revelaba incapaz de detener la inflación. Asimismo, entre 1976 y 1980 un número indeterminado —que rondaba los 30 mil desaparecidos y detenidos argentinos y extranjeros—, había transitado por centros clandestinos de detención en unidades regulares e irregulares bajo el control de las fuerzas armadas y policiales; las denuncias ante foros internacionales presentadas por diversas organizaciones de derechos humanos, entre las cuales se destacaban las integradas por familiares directos de las "víctimas",[2] como los Familiares de Detenidos y Desaparecidos por Razones Políticas, las Madres de Plaza de Mayo y las Abuelas de Plaza de Mayo que buscaban a sus hijos y a los hijos de sus hijos, nacidos en cautiverio y sin paradero conocido, no hacían más que abultar las pruebas contra un régimen reconocido por su sanguinaria crueldad.

En este marco, y pese a las negativas oficiales, la cuestión electoral cobró creciente visibilidad en

---

[2] Para un análisis de la categoría "víctima del terrorismo de Estado" véase Virginia Vecchiori (2000).

1981. Los principales partidos políticos se reunieron en la "Multipartidaria" con el fin de presionar al gobierno y de negociar una apertura.

El 30 de marzo, las dos ramas en que se hallaba dividida la CGT desde el comienzo del régimen, la CGT, más frontal y conducida por Saúl Ubaldini (cerveceros), y la CNT, más contemporizadora y dirigida por Jorge Triaca (plásticos), se unieron para la protesta. Pese a la masiva represión la movilización del 30 de marzo marcó un punto de inflexión. La calle y las plazas céntricas —en Buenos Aires, la Plaza de Mayo— que desde 1945 se habían convertido en escenarios de la política de masas, primero, y de la lucha política, después (Neiburg, 1992), venían siendo ocupadas y vigiladas militarmente desde el 24 de marzo de 1976. Pero la CGT, los partidos y miembros dispersos de la población se volcaban al espacio público desafiando las leyes del miedo, en clara oposición al régimen.

Éste era, pues, el clima desde el cual se escuchó la noticia de "la recuperación" de las islas irredentas por 149 años. Pero ¿por qué las Islas Malvinas? Tamaño contraste y proximidad temporal entre el 30 de marzo y el 2 de abril permitían especular sobre alguna maniobra del gobierno para ganar la legitimidad perdida, pero estos supuestos no alcanzaban para frenar el entusiasmo general.

En realidad, la ocupación del archipiélago se venía planeando en los salones navales desde mediados de diciembre de 1981 (Cardoso *et al.*, 1986); el 26 de marzo de 1982 se ordenó la intervención militar y el 29 se informó a los oficiales superiores de la misión (Freedman y Gamba, 1990); para el 30 de marzo las fuerzas de desembarco ya estaban reclutadas (OFMLVIM, 1991). Esta cadena de decisiones fue, en su último segmento, paralela al *in crescendo* del conflicto suscitado en las islas Georgias a raíz de la presencia desde el 19 de marzo de empleados de un empresario de chatarra, que desguasaban una estación ballenera en Grytviken. El entredicho con el gobierno británico surgió cuando éste demandó a los trabajadores sus documentos de migración, que para la Argentina eran innecesarios ya que las Georgias también habían sido reclamadas por este país. Así, para fines de marzo la "recuperación" era una acción probable tras estos incidentes y no tenía nada de sorpresivo, ni siquiera para los británicos, que replegaron a sus marines del cuartel de Moody Brook, cerca de Port Stanley, antes del desembarco argentino.

Pero si bien la movilización del 30 de marzo no fue la causa del 2 de abril (Freedman y Gamba, 1990, p. 68), la noticia de "la recuperación" fue suficiente para revertir el antagonismo dominante en la Argentina. Este cambio fue, sin embargo, el producto de una conjunción de actores que, en variada escala y desde distintos registros, se sumaron al entusiasmo, que significaron por canales y modos diversos, en medio de un consenso general que proclamaba la justicia de una causa pendiente ahora hecha realidad.

Todos unidos...

Los analistas bélicos coinciden en que la Junta no se proponía desencadenar una guerra. La toma forzosa de las islas se concebía como una presión a Gran Bretaña para que el gobierno de la primera ministra conservadora Margaret Thatcher se aviniera a tratar la cuestión de soberanía ante los organismos internacionales (Costa, 1988; Freedman y Gamba, 1990). Sin embargo, los efectos de los propios actos no suelen ajustarse a los propios deseos, y menos aun en materia de política internacional. La iniciativa confrontó al gobierno ante dos monstruos, cuyo encuentro avanzó progresivamente hacia la tragedia. Aunque el gobierno no quisiera la confrontación directa, el resonante eco de la noticia en la población hacía políticamente inviable (y más para la postura triunfalista que asumía parte de los altos mandos) una marcha atrás; la cautela no parecía adecuada. La Argentina se convirtió en un escenario donde día tras día se representaba la unidad entre el pueblo y el Estado, contra el enemigo común, el colonialismo inglés. Arrinconada entre Thatcher y su propia necesidad de realzar la imagen política, por un lado, y el respaldo popular por el otro, la Junta terminó resolviendo el dilema no sólo en el terreno que le era más familiar, el militar, sino también apelando al idioma donde poder recrear un ideal de Nación largamente esperado. Ese ideal, cuyo objetivo estaba en la recuperación territorial, se expresó en los idiomas de la historia y el parentesco descendente o la filiación.

Inaugurando los 74 días que duró la presencia argentina en el archipiélago, Galtieri trazó en su discurso el marco en que partidos, gremios, empresarios, la población en general y el mismo gobierno deberían interpretar la iniciativa del "gobierno argentino". Ese marco, base del consenso de Malvinas, llevaba el toque personal y corporativo de Galtieri, pero se asentaba en una vieja carencia que prácticamente todos reconocían.

> Compatriotas: En nombre de la junta militar y en mi carácter de presidente de la Nación hablo en este crucial momento histórico a todos los habitantes de nuestro suelo, para transmitirles los fundamentos que avalan una resolución plenamente asumida por los comandantes en jefe de las FF.AA. que interpretaron así el profundo sentir del pueblo argentino.
> Hemos recuperado, salvaguardando el honor nacional, sin rencores, pero con la firmeza que las circunstancias exigen, las islas australes que integran por legítimo derecho el patrimonio nacional (mensaje presidencial desde Casa Rosada, viernes 2 de abril de 1982, 14:30 hs, *Clarín*, 3/4/82).

El desembarco de las fuerzas nacionales, en la madrugada del 2 de abril, y la toma de Port Stanley marcaban según Galtieri la "recuperación" de "las islas australes que integran por legítimo derecho" el territorio argentino, y la recuperación de la Argentina misma. La Nación debería encuadrarse, de aquí en más, en una misma unidad en el tiempo y en el espacio. Para esta recuperación de la Nación el presidente ubicó a la de Malvinas en la serie de las grandes gestas patrióticas de principios del siglo

XIX, y al territorio insular sudatlántico en la contigüidad espacial con el continente. Los protagonistas de esta nueva épica serían, dentro y fuera de la masa continental argentina, los "compatriotas", quienes compensarían las afrentas a la "dignidad" y el "honor" de la patria. La continuidad temporal que reestablecía la soberanía recuperada de Malvinas reunía a la república de 1982 con aquella entidad política a la que Gran Bretaña había despojado en 1833. La Nación había sido usurpada y sus reclamos habían transcurrido "sin excepciones y a través de 150 años". Por eso las acciones de 1982 escribían un nuevo capítulo de la gesta libertadora; a la soberanía continental se agregaba ahora la soberanía insular. Sus protagonistas se revelaban herederos del general José de San Martín y de Manuel Belgrano, y así como éstos colaboraron en la independencia de Chile, Bolivia, Perú, Uruguay y Paraguay, ahora harían lo propio con los "habitantes de las islas". De este modo, también con ese espacio interrumpido por los usurpadores, se tendería un puente que trascendería las extensiones oceánicas, como en su momento había ocurrido con la cordillera de los Andes; ayer contra el colonialismo español, hoy contra el británico; dos coronas, dos imperios, frente a la República.

La interpretación de Galtieri fue tan o más exitosa que el desembarco y la toma de la casa del gobernador malvinense, episodio en el cual moría el primer argentino de la contienda. Tanto la dirigencia política y gremial, como personalidades de pasadas gestiones de las más variadas corrientes ingresaron premeditadamente en la escena pública para sumarse a la recreación de la unidad en la continuidad y la contigüidad.

La Multipartidaria, integrada por los cinco principales partidos políticos (Justicialista, Radical, Intransigente, Demócrata Cristiano y el Movimiento de Integración y Desarrollo) dio "su total apoyo y solidaridad con la acción llevada a cabo y reitera su decisión de respaldar todas las medidas conducentes a la consolidación de la soberanía argentina" (*Clarín*, 3/4/82). En rigor, junto con el conflicto de Georgias y previo al 2 de abril, una altísima autoridad justicialista había señalado ya que "sea cual fuere el gobierno y cual fuere su origen" debía intentar que el conflicto "se solucione dentro del ámbito diplomático: cuando se terminan las posibilidades diplomáticas empieza la guerra" (D. Bittel, en *Clarín*, 29/3/82).[3] El tono no se modificó después de la recuperación armada. El presidente del radicalismo dijo: "La Argentina ha hecho un reclamo histórico. [...] En el país no hay dos opiniones al respecto"; ante la emergencia "el país todo debe demostrar su unidad interna" (Contín, en *Clarín*, 4/4/82).

La izquierda coincidía. La intransigencia advirtió que "en materia de soberanía, no puede haber dos actitudes, sino la plena solidaridad nacional"

---

[3] Otros altos dirigentes justicialistas, como el ex canciller durante el gobierno de la viuda de Perón, Manuel Aráoz Castex, señaló que "nada debe mutilar la posibilidad de la acción armada" (*Clarín*, 31/3/82).

(O. Alende, en *Clarín*, 4/4/82). Los socialistas del Partido Socialista Unificado, de la Confederación Socialista y del Partido Socialista Popular destacaron la necesaria unidad "por encima de las diferencias políticas y conflictos internos" (*Clarín*, 3/4/82) y el Partido Comunista adhirió en un tono similar (Declaración Interpartidaria Metropolitana, en *Clarín*, 4/4/82).

Por su parte, la central de trabajadores anunció que

> nuestras FF.AA. han ejercido un derecho legítimo al restituir a nuestro territorio patrio lo que por derecho legítimo nos pertenece. [...] El movimiento obrero argentino representado por la CGT acompañará este hecho histórico declarando el día 2 de abril como de júbilo nacional (*Clarín*, 3/4/82).

Personalidades de otras administraciones, golpes de Estado y débiles gobiernos civiles de los sesenta desfilaron ante la prensa como protagonistas del recuperado consenso. El ex presidente civil Arturo Frondizi (1958-1962) garantizaba "el respaldo unánime del pueblo argentino" (*Clarín*, 3/4/82). Además de izar la bandera con el gobernador militar de Chubut, Arturo H. Illia, ex presidente radical (1964-1966), consideró la recuperación "justa e inobjetable" y que "ningún argentino puede retacear [su] importancia y trascendencia". El general que lo sucedió tras un golpe militar, Juan C. Onganía, dijo que "la recuperación [...] constituye uno de los objetivos permanentes de la política exterior de nuestro país" (ibíd.).

Doce cancilleres actuantes entre "el primer gobierno de Perón (1945-1952) y el reciente mandato del general Viola (1981)" presentaron un documento en

> plena coincidencia sobre la incuestionable soberanía nacional en las Islas Malvinas, reafirmada a través de todos los gobiernos [...] su solidaridad con las acciones realizadas para hacerla efectiva y su confianza en el buen éxito de las gestiones para llegar a una solución definitiva.[4]

Este consenso empezó a encarnarse en acciones concretas cuando por primera vez desde 1976 los dirigentes partidarios fueron invitados a la Casa de Gobierno por el ministro del Interior, inaugurando una serie de encuentros que duraría hasta terminar el conflicto. El 7 de abril viajaron a ex Port Stanley, para asistir a la asunción del gobernador militar de Malvinas, el general Mario B. Menéndez, las planas mayores de las cámaras empresarias, bancaria y de comercio, organizaciones de productores rurales, los jefes de las dos centrales obreras, artistas y científicos. Su presencia en el mismo avión en una comitiva que un diario calificó como *charter inusual*, provocó la reflexión del presidente de la primera junta del Proceso, general Jorge R. Videla, para

---

[4] Estaban allí representados los gobiernos de Perón; su sucesor y expulsor, el general Lonardi; la gestión de Guido, vicepresidente y sucesor de Frondizi; del general Lanusse (1970-1972); de María Estela Martínez de Perón (1974-1976), y de las dos primeras juntas del Proceso, los generales Videla (1976-1980) y Viola (1981) (*La Nación*, 7/4/82).

quien era un "hecho trascendente de ver a este conjunto de ciudadanos tan representativos, más allá de sus diferencias políticas y sectoriales, unidos entonando el Himno Nacional" (*Clarín*, 8/4/82). Por esas diferencias, otros "ciudadanos" habían sufrido cárcel, tortura y muerte.

La representación de la unidad trascendió las fronteras, como en 1977 cuando se enviaron emisarios al exterior para contrarrestar la "campaña antiargentina" por las noticias de crímenes de lesa humanidad. Pero en 1982 la misión era plena y ampliamente compartida; los empresarios viajaban al exterior en busca de apoyos para la causa y para "demostrar que el país entero está consustanciado con la operación de las FF.AA. en el archipiélago" (*Clarín*, 9/4/82). Por iniciativa del ministro de Trabajo, un brigadier de la Fuerza Aérea, varios gremialistas visitaron las internacionales obreras y los sindicatos de Italia, Francia, España y México en "misión de esclarecimiento" sobre la justicia de los derechos argentinos (*Clarín*, 11/4/82 y 13/4/82). Los políticos también participaron: "La idea es que viajen a países donde hay gobiernos con ideologías afines a su ideario para explicar la posición argentina sobre Malvinas" (*Clarín*, 9/4/82): la Democracia Cristiana fue a Italia y al Vaticano; los radicales al Parlamento Latinoamericano; un dirigente de la izquierda peronista fue a México donde residía una nutrida comunidad de exiliados peronistas, y un número significativo de destacados intelectuales peronistas y de la izquierda socialista y marxista, que también se pronunciaron a favor de la recuperación (*Clarín*, 13/4/82; Rozitchner, 1985), y los comunistas a la Unión Soviética (*Clarín*, 20/4/82). El ministro de Acción Social, un marino, aclaró que todos "van espontáneamente y pagan de su bolsillo" (vicealmirante Carlos A. Lacoste, en *La Nación*, 14/4/82).

Que esta multiplicidad de actores, vetados, sospechados y proscriptos hasta el 2 de abril, se sumaran a una misma sinfonía convocada y dirigida por la Junta, no sólo significaba que aceptaban la legitimidad de la iniciativa militar y la de sus ejecutores. Esta relación estaba lejos de ser unilateral, y donde habían dominado el autoritarismo y el aniquilamiento interno el gobierno se fue entregando al lenguaje y la acción política de sus enemigos hasta entonces. Un pasado disolvente y hasta subversivo se apropió del mismísimo presidente quien encarnó a un protagonista de la historia argentina –y no precisamente de su época sanmartiniana–, contando necesariamente con algún grado de aprobación de los estados mayores. El teatro no era sólo el de operaciones en Malvinas; la Plaza de Mayo, circundada por la Casa Rosada, sede del poder Ejecutivo, volvía a sus viejos tiempos.

Baluarte de las fuerzas de seguridad que la defendían con fusiles y lanzagases, carros de asalto y camiones hidrantes en aquella tarde del 30 de marzo, para impedir el acceso de los promotores del desorden, la Plaza se abrió desde el mismo 2 de abril hasta el atardecer del 14 de junio. "Se acabó, se acabó, la colonia se acabó." Las pancartas anunciaban "Malvinas Argentinas. 150 años pirateadas, por fin recuperadas" hasta que los ojos apuntaron a la Casa Rosada: "Salí Galtieri, que hace calor, salí al balcón".

Y Galtieri salió al balcón ante la gritería del público. Saludó con la mano. Alzó sus brazos y sonrió. Levantó sus pulgares. Se retiró. Y minutos después apareció en otro balcón donde estaban los micrófonos. Su discurso, en esta ocasión, fue más vibrante [que el mensaje radial]. Habló sin eufemismos: "Aceptaremos el diálogo —dijo— después de esta acción de fuerza, pero en el convencimiento de que la dignidad y el orgullo nacional han de ser mantenidos 'a toda costa y a cualquier precio' [...] En estos momentos miles de ciudadanos hombres y mujeres, en todo el país, en todos los pueblos, en las pequeñas granjas, en las ciudades y en esta Plaza de Mayo histórica, que ha marcado rumbos a través de la historia nacional, ustedes, los argentinos, están expresando públicamente el sentimiento y la emoción retenida durante 150 años a través de un despojo que hoy hemos lavado [...] estoy seguro que cada uno de ustedes hombres, mujeres, la gran juventud argentina y la niñez, están sintiendo como yo [...] alegría y tremenda emoción por este acto argentino" (*Clarín*, 3/4/82).

La alusión a los encuentros masivos con Perón era evidente en el lugar y hasta en la tímida réplica de su saludo con sus dos brazos en alto. Pero Galtieri era mucho más que Perón; si ahora la histórica plaza volvía a erigirse en un espacio fundacional, dejando atrás un pasado de movilizaciones, bombardeos, golpes de Estado, corridas policiales y rondas semanales, era porque el "pueblo argentino" respaldaba a su gobierno que lo había sabido interpretar, ya que su decisión no obedecía a "cálculo político alguno", sino que se había tomado

> en nombre de todos y cada uno de los argentinos, sin distinción de sectores o banderías y con la mente puesta en todos los gobiernos, instituciones y personas que en el pasado, sin excepciones y a través de 150 años, han luchado por la reivindicación de nuestros derechos (*Clarín*, 3/4/82).

La sorpresa con que la sociedad y las dirigencias recibieron la noticia de la "recuperación" obedecía, en términos inmediatos, al contraste entre un país vivido y gobernado en la lógica de la guerra interna (Corradi, 1985; Torre y de Riz, 1993) y otro donde era suficiente acordar con la soberanía argentina de Malvinas para caber —querer ingresar y ser admitido— en el mismo bando.

Efectivamente, la alusión del general-presidente a "la gran juventud argentina", que también había estado en labios de Perón, no podía menos que suscitar interrogantes al provenir de uno de los gerentes de los centros de detención de innumerables jóvenes "subversivos". Pero ahora, para Galtieri, esa gran juventud argentina incluía a las huestes militares que ya estaban en Malvinas o que habían sido movilizadas hacia el Sur. La causa de la reintegración territorial era la del pueblo argentino, encarnado en una "avanzada" de "conscriptos, suboficiales y oficiales" a la que el general-presidente también presentaba, en el idioma del parentesco, como "hijos, esposos, hermanos, padres". Rango militar y filiación se subordinaban ahora a la conducción de un padre-comandante que cerraba su discurso diciéndole a sus hijos-subalternos: "Yo creo en vosotros" (ibíd.).

En suma, aparentemente la refundación de la Nación en unidad no podía eludir ciertos formatos históricos que parecían garantizar la credibilidad de la iniciativa gubernamental; pero esos moldes se expresaban ahora en el lenguaje de la paternidad, no de la política. Así Galtieri actuaba con total naturalidad un pasado que el régimen del que formaba parte había intentado "reorganizar". El denostado populismo que había prohijado a la "subversión" se adueñaba de las filas castrenses, encandilando una vez más a un gobierno sumergido en confrontaciones entre fuerzas, armas y "trenzas" por proyectos políticos facciosos y personales. Cada pronunciamiento, cada encuentro y cada gesto desde el 2 de abril hasta el 14 de junio confirmaban que "la recuperación" no era sólo de islas que pocos argentinos conocían, sino la de una Nación que ningún contemporáneo podía recordar como unida y en relativa coexistencia armónica con su Estado.[5] Malvinas se erigió en el símbolo de la unidad y de la continuidad nacional que el régimen proponía y la sociedad política y civil aceptaba, rediseñando un espacio contiguo entre continente e islas, y un tiem-

[5] "La inestabilidad política y la persistente hegemonía del poder militar desde 1930 forman las dos caras de la vida pública. 1930, 1943, 1955, 1962, 1966, 1976 representan las fechas de derrocamiento de gobiernos civiles, más o menos correctamente elegidos, [...] por golpes de las fuerzas armadas. Si bien el mandato constitucional es de seis años, el promedio de las presidencias entre 1930 y 1971 fue de dos años y diez meses. [...] De dieciséis presidentes que tuvo el país entre 1930 y 1973, once eran militares" (Rouquié, 1982, p. 12).

po que protagonizaban los otrora enemigos políticos. Pero el lazo que daba sentido a la Nación era el de la filiación.

Tal fue el empeño en actuar y recrear la unidad, y tal fue el éxito de la propuesta, que el régimen no pudo dar marcha atrás. El entusiasmo popular y el apoyo sin precedentes de todos los sectores sociales e ideológicos al gobierno obligaron a los comandantes a amarrar su decisión de estrategia militar a su estrategia política. El destino de la Junta, y en especial el de Galtieri, se ató a la suerte militar en las islas, y aunque la guerra contra la segunda potencia de la OTAN no se considerara conveniente ni oportuna, acaso fuera el mal menor comparado con una asonada del pueblo en las calles al grito de "traidores" a un gobierno que evitaba la pelea en el terreno en que se había proclamado amo y señor: el militar. El tremendo éxito popular de su iniciativa y la Royal Task Force fueron, desde entonces, la espada y la pared que desde su imprevista desmesura generó el Proceso. Pero en la sinfonía de la unidad nacional el consenso, aun bajo la metáfora de la gran familia argentina, era más aparente de lo que el gobierno proclamaba y pretendía.

"Sectores y banderías"

El reposicionamiento nacional-parental del gobierno y la salida de la gente a la calle descolocaron a los opositores más activos —centrales obreras, partidos, organizaciones de derechos humanos—, quienes reconocían la justicia de la operación sin olvidar sus anteriores demandas. Lo que sucedió entonces fue que dichas cuestiones se replantearon a la medida del contexto. Esta reacción fue leída tiempo después como una sumisión obsecuente y acrítica al gobierno. Pero en verdad, desde el primer momento, Malvinas se convirtió en el telón de fondo de diversas negociaciones; la unidad de la cual las Fuerzas Armadas eran principales artífices no estaba bajo su exclusivo control.

Como primera medida el gobierno dispuso "la libertad de los detenidos el martes" 30 de marzo, "más de un centenar de personas", para que "todos los argentinos puedan asociarse a los acontecimientos de este histórico día para la República, con motivo de la recuperación de nuestras Islas Malvinas" (*Clarín*, 3/4/82). La movilización de tropas a Plaza de Mayo para garantizar "la paz social" y la advertencia de que "ningún sector, interés o persona —fuera o dentro del poder— podrá torcer nuestro rumbo y nuestra definitiva línea de conducta" parecían el 2 de abril una pesadilla del pasado. Si el 30 de marzo el llamado de la CGT había sido "utilizado para producir alteraciones a la seguridad y el orden público" (*Clarín*, 30/3/82), tres días después la dirigencia y las bases eran "aliadas" del gobierno.

Sin embargo, al expresar su respaldo a la recuperación, la CGT afirmaba que "las circunstancias no nos permiten manifestar nuestra total identificación con el acto soberano llevado a cabo por las FF.AA. argentinas" (*Clarín*, 3/4/82). Para un veterano dirigente metalúrgico, concurrir a la Plaza de

Mayo "significa avalar [...] a la patria que es la que nos convoca" (Lorenzo Miguel, en *Clarín*, 3/4/82). El sector gremial más próximo al gobierno, la CNT, le exigió "dar respuesta justa a los candentes problemas que afectan la otra parte de la soberanía nacional: la soberanía del pueblo argentino"; hizo votos además para que los militares "desembarcaran en el Ministerio de Economía para plantear un plan económico [...] más convocante y humano" (Triaca, en *Clarín*, 3/4/82). Las demandas gremiales no reconocían al gobierno como legítimo conductor nacional, aunque las Fuerzas Armadas fueran admitidas en la Nación como argentinas.

La Multipartidaria también condicionaba su apoyo: "Este pronunciamiento no implica la declinación de las conocidas posiciones sustentadas por este nucleamiento frente a la política del gobierno en los distintos campos de la vida nacional" (*Clarín*, 3/4/82). El presidente de la UCR aseguró que "hay una postergación de los reclamos; ni siquiera habrá cambios en ellos, sólo postergación" (Contín, en *Clarín*, 10/4/82). Se refería a la demanda de reactivación productiva, la redacción del estatuto de los partidos políticos y el cronograma electoral. Ninguno de estos puntos constaba en la agenda oficial antes del 2 de abril. Así, las dirigencias partidarias aprovecharon la ocasión para recordar que el gobierno tampoco era un legítimo conductor político.

Algunos invitados del *charter inusual* a la asunción del gobernador de Malvinas recordaron que "ni nosotros mismos, en razón de la veda política, investimos representatividad" (Bittel, en *Clarín*,

7/4/82), mientras los dirigentes obreros reflexionaban que "es público y notorio que el gobierno militar ha reiterado que la CGT no existe pues no es una organización legal. Por lo tanto no puede considerar seriamente ser su invitado en esta eventualidad". Aludiendo a que el 30 de marzo el ministro del Interior había calificado la protesta como "un ejercicio de subversión", los dirigentes retrucaban, irónicamente, que "los subversivos de ayer somos los patriotas de hoy".

Las percepciones eran por demás realistas y en nada se parecían a la obediencia ciega de la sinrazón. La Nación estaba punteada por oposiciones encarnizadas que habían llevado a la violencia política de la cual el Proceso se había autoerigido en árbitro y contralor final. Aun cuando se obviara la contundente exclusión de políticos y sindicalistas, los nuevos convidados del gobierno no podían dejar de mostrar su perplejidad ante la simple pregunta de en mérito de qué expresar su aceptación. Si todas las opciones partidarias y todos los alineamientos gremiales estaban sospechados y denostados por el régimen, ¿adónde hacer pie para ser parte de la Nación y formular una continuidad aceptable junto a un régimen que los había excluido?

A través del parentesco algunos dirigentes ubicaban su lazo con la Nación en un idioma que les permitía mantener una presencia diferenciada de la del gobierno.

Teniendo en cuenta que los soldados que están en el territorio patrio recuperado son todos hijos de trabajadores argentinos la CGT resolvió designar a sus secretarios general y adjunto para que hagan llegar su saludo y solidaridad a los soldados argentinos que recuperaron la soberanía en las Malvinas (*Clarín*, 7/4/82).

La CGT convertía a las Fuerzas Armadas en el agente accidental de una gesta nacional que protagonizaban sus verdaderos dueños y destinatarios: los trabajadores argentinos encarnados en sus hijos. En la Plaza de Mayo algunos cantaban "Galtieri, Galtieri, prestá mucha atención; Malvinas argentinas, el pueblo es de Perón".

No casualmente este linaje nacional que Galtieri quería encabezar había rozado la década peronista, aunque teñido por una pertenencia específica: la peronista. Luego el argumento de la filiación renació en los primeros años del Proceso, pero aplicado estricta y no metafóricamente a lazos de consanguinidad, cuando algunos argentinos y extranjeros en la Argentina demandaban al Estado la aparición de sus familiares, generalmente sus hijos. Y en efecto, la fusión entre Nación y filiación a propósito de Malvinas fue destacada por una organización de derechos humanos en una solicitada:

> A la Opinión Pública:
> Familiares de Desaparecidos y Detenidos por Razones Políticas que sufrimos el dolor de la ausencia de nuestros seres queridos detenidos y desaparecidos somos partícipes del grave conflicto que sufre nuestro pueblo.
> En momentos en que miles de jóvenes argentinos, entre ellos nuestros hijos, sobrinos, nietos, están en el

> sur para defender nuestra patria, no podemos dejar de pensar en nuestros detenidos y desaparecidos, que seguramente hubieran apretado filas junto a los soldados y que no pueden hacerlo por su injusta desaparición.
>
> Anhelamos fervientemente que regresen victoriosos, aguardándolos con la misma esperanza con que esperamos todos los días, la vuelta de nuestros detenidos y desaparecidos. Abril de 1982 (*Clarín*, 8/5/82).

La nueva consigna de las Madres de Plaza de Mayo, cuyo movimiento se denominaba según la filiación materna, confirmaba el lazo como raigambre nacional con un ribete crítico, pero también ratificatorio de la recuperación: "Las Malvinas son argentinas. Los desaparecidos también". La argentinidad de los desaparecidos no sólo residía en la nacionalidad de la mayoría de las víctimas ante un régimen también nativo; residía, además, en el supuesto de que "hubieran apretado filas junto a los soldados" porque hubieran compartido la causa justa de soberanía que se oponía a la injusticia tanto de la ocupación británica como de su propia desaparición.

Ser parte de la Nación era ostentar una común filiación, pero ésta no era reconocida como propia de, ni apropiada por el régimen, sino como la restitución de la filiación biológica y de sangre. De todos modos, la sangre era el único anclaje moralmente aceptable para participar de un país fragmentado por la persecución. El lenguaje del parentesco impregnaba a la Nación como único lazo y canal plausible de la unidad recreada. Y si el gobierno no revestía legitimidad alguna para sus gobernados-subalternos, al menos la devoción era merecida en nombre de aquellos "hijos, sobrinos, nietos" que defendían la patria.

"El profundo sentir del pueblo argentino"

Los civiles, a través de diversas organizaciones y fuera de ellas, dieron cuerpo a la unidad por la filiación. Sin debatir demasiado sobre la legitimidad de tal o cual cabeza de linaje, ratificaron su subordinación y reconocimiento a la autoridad estatal-militar y su apelación a la Nación, de diversas maneras. La más evidente fue, en efecto, dar a sus hijos varones de 19 y 20 años de edad al campo de batalla. En nombre de ellos, no del Estado ni de las Fuerzas Armadas, esta participación civil se hizo pública y explícita, dibujando un fragmentado mosaico que evocaba los distintos imaginarios y épocas de la Argentina; fue pluriclasista y multinacional, se acopló a los canales de participación inducidos y propuestos por los estados mayores, pero también inventó canales propios. Su propósito era llegar al frente de batalla y ratificar allí su presencia mediada por los conscriptos.

Los primeros pronunciamientos civiles se radicaron en las plazas de pueblos y ciudades, y en la Plaza de Mayo, vitrinas y termómetros del ánimo político. Pero esta presencia difería de aquélla de los años de política de masas, cuando los asistentes avanzaban "encuadrados" en su sindicato o rama política. Obviamente difería del cuadro del 30 de marzo y se asemejaba, más bien, a los festejos de la coronación argentina en el Mundial de Fútbol de 1978. Los asistentes se reunían espontáneamente o marchaban desde las cercanías a sitios públicos, monumentos y demás lugares simbólicos; transeúntes, familias, compañeros de trabajo, grupos de amigos y estudiantes (*Clarín*, 3/4/82; *La Nación*, 8/5/82) blandían banderitas argentinas de plástico que vendían los "cuentapropistas", sector que había crecido en esos años. Los acompañaban automovilistas tocando bocina y cantando "¡Argentina!"[6] A diferencia de otros tiempos, la celebración promovida por el Gobierno denotaba la falta de peligro, vigilancia y confrontación. No había enemigos a la vista "entre nosotros".

Que la población ocupara estos espacios centrales de la manifestación pública ostentando los símbolos nacionales era la imagen opuesta a la política de "desterritorialización" (Franco, 1985; Newman, 1991) en la cual hombres y mujeres "desaparecían del mapa". La recuperación de Malvinas era coexistente y consistente con la recuperación de la calle, el territorio político por excelencia en la Argenti-

---

[6] La concurrencia del 10 de abril, cuando radio Rivadavia y ATC convocaron a la Plaza de Mayo en oportunidad de la llegada del mediador norteamericano Alexander Haig, fue descripta por los diarios como "clase media" y de "perfil obrero", "grupos familiares con los niños en brazos". Confirmando su clima deportivo, un cronista destacó que pese a los intentos por entonar marchas o consignas partidarias, "ganó Argentina, ¡Argentina!" (*La Nación*, 11/4/82).

na. Pero esta vez la recuperación no se esgrimía en clave de lucha sino de comunidad.

En este territorio ganado, mujeres y hombres de todas las edades, muchos de ellos subempleados o desocupados, se registraban en el Estado Mayor Conjunto y en las unidades militares como voluntarios para pelear, residir y, sobre todo, trabajar en las islas (archivo Urioste; archivo Rodríguez Arias; Canal 7-ATC, 4/4/82 y 5/4/82; *Clarín*, 8/4/82; *La Nación*, 9/4/82). Y aunque finalmente sus servicios no fueron requeridos, los voluntarios expresaban su confianza en que la ocupación argentina sería definitiva, y su disposición a habitar aquel suelo sumaría su figura civil al militarizado archipiélago.

El respaldo público a la causa también se representaba en los diarios y medios de difusión en general. Entidades profesionales y culturales, filiales de gremios, ateneos y agrupaciones políticas, corrientes de opinión, clubes deportivos, bibliotecas populares, institutos históricos, asociaciones de productores engrosaban los listados que día tras día quedaban inscriptos en las páginas de los periódicos. El 5 de abril, por ejemplo, adherían

> la Asociación de Descendientes de Guerreros y Próceres de la Independencia Argentina y Sudamericana, una cooperativa de viviendas, el Automóvil Club Argentino, el Touring Club Argentino, el Colegio de Abogados de la Ciudad de Buenos Aires, los Caballeros de San Martín de Tours [...] la Sociedad Rural Argentina, las Confederaciones Rurales Argentinas (CRA), la Confederación de Asociaciones Rurales de Buenos Aires y La Pampa (CARBAP), la Confederación de Asociaciones Rurales Zona Rosafé (CARZOR, Rosario/Santa Fe) (*Clarín*, 5/4/82);

al día siguiente

> la Asociación de Editores de Diarios de Buenos Aires, la Asociación de Radiodifusoras Privadas Argentinas, el Centro Argentino de Ingenieros, la Agrupación Lista Azul de Trabajadores Municipales, la Asociación Obrera Textil (*La Nación*, 19/4/82).

Se contaban, además, agrupaciones de residentes provincianos, asociaciones de extranjeros, direcciones y empleados de hospitales y escuelas, rectores universitarios nacionales y privados, y directores y empleados de museos (ibíd.), científicos y periodistas, actores, artistas plásticos, futbolistas, automovilistas y boxeadores,

> en apoyo de la inalienable soberanía argentina sobre las Islas Malvinas y sus dependencias (*Clarín*, 17/4/82).

Apenas dos semanas después del desembarco argentino, este apoyo se redobló. En los carriles de los cambios operados en la economía en los primeros años del Proceso,[7] el 13 de abril los diarios publicaron un aviso de media página titulado "Fondo Patriótico Malvinas Argentinas" por el cual la Cá-

---

[7] La reforma financiera de junio de 1977 consistió en la "descentralización de los depósitos bancarios, la liberación de las tasas de interés, y una ley de instituciones financieras". El Banco Central garantizaba los depósitos a tasas de interés superiores a las del mercado internacional. Así la política económica produjo la "transferencia de recursos desde los sectores productivos al sector financiero, y el desarrollo de todo tipo de práctica especulativa en el mercado financiero local", sin el control del Banco Central (Peralta Ramos 1987, p. 50-51; mi traducción).

mara Argentina de Casas y Agencias de Cambios invitaba a "la Unión y Solidaridad activa de todos los sectores". Celebraban así "la recuperación del territorio de las Islas Malvinas" que resultaba de una "serena decisión del gobierno acompañado material y espiritualmente por todo el pueblo Argentino". La Cámara donó los primeros 2 billones de pesos y "para afrontar los gastos derivados de la recuperación de las Islas Malvinas" el Estado Mayor Conjunto abrió una cuenta en el Banco de la Nación Argentina. Allí individuos, personas jurídicas y personalidades podrían hacer sus depósitos para los soldados en el frente.

Las listas de apoyo se traducían, ahora, en los montos de cada aportante: cámaras empresarias, filiales sindicales, colegios profesionales, asociaciones de productores rurales e industriales, clubes de fútbol, personal jerárquico y empleados de empresas privadas y públicas, empleados de dependencias estatales, gobiernos provinciales, pequeños comercios y grupos de trabajadores. Por ejemplo, el 15 de abril aportaban, en millones de pesos:

Sindicato de Electricistas Navales	250
Sindicato de Trabajadores de Gaseosas	100
Consejo de Profesionales en Ciencias Económicas	100
Personal del Mercado Nacional de Concentración Pesquera	1 día de salarios
Trajabadores del Ingenio "Providencia"	1 jornal por mes hasta fin de 1982

Fuente: *La Nación*, 15/4/82

El 4 de mayo figuraban, entre muchos otros:

Farmacia Santa Catalina	2 cheques por 2.478.642
Federación de Entidades Mutualistas	10
Asociación Cordobesa de Docentes Jubilados	5
Los jubilados del Banco de Córdoba	5

Fuente: *La Nación*, 4/5/82

Los directivos de compañías y entidades hacían sus aportes de capital y descontaban un porcentaje del sueldo a sus empleados: "A nadie se le hubiera ocurrido protestar. Estábamos todos de acuerdo", me dijo un empleado de una sucursal del Banco de Corrientes en un pueblo de esa provincia. Los balances parciales y acumulativos de los aportes se conocían diariamente por los medios.

Hasta el 16/4	$ 2.827.000.000 + U$S 23.835
Hasta el 22/4	$ 14.946.026.448 + U$S 24.720
Hasta el 30/4	$ 47.421.452.963 + U$S 29.524

A fines de abril se habían realizado 211 operaciones en efectivo y depositado 41 cheques. A mediados de mayo el Ministerio de Economía informó que las operaciones ascendían a 3.962, totalizando $ 144.561 millones, U$S 96.072, 1.100 francos suizos, 460 marcos alemanes, 650 bolívares venezolanos, 10 mil yenes japoneses y 121 depósitos en joyas y monedas antiguas. Al 13 de junio, día previo a la rendición, el Fondo ascendía a $ 548 mil millones; el 15 de junio sumaba $ 569 mil millones y 818 donaciones en alhajas pendientes de valuación.

La Argentina se volcaba íntegra al Atlántico Sur, no sólo con dinero. Las empresas panificadoras donaron tapas de empanadas; las yerbateras, yerba mate; cámaras y empresas enviaron harina, arroz y artículos no perecederos (leche en polvo, chocolate, latas de dulce, etc.). En la provincia de Buenos Aires y en el sur de Santa Fe y de Córdoba, se realizaron remates de ganado, mientras las provincias contribuían con productos que enviaban a los comandos de logística de cada fuerza. Asimismo, personalidades de la televisión, el deporte y las artes donaban dinero y obras para subastar. Ciudades y pueblos asistían a los eventos "a beneficio": jornadas teatrales, partidos de fútbol, carreras de autos, torneos de ajedrez, funciones de cine, festivales de música popular.

El momento culminante de la movilización recaudadora fue un programa maratónico de televisión que durante 24 horas recibió los aportes de la población y de conocidas personalidades, además de los avisos publicitarios que también se destinaron al Fondo. Se recaudaron 22.874.769 pesos (=U$S 1,5 millones) y los más diversos artículos —televisores en color, videograbadoras, pantallas proyectoras para llevar a Malvinas, 10 mil litros de pintura, un automóvil, 500 millones de pesos en flores, joyas, menaje y cubiertos de plata, prótesis dentales de oro, medallas y condecoraciones, jubilaciones, etc. La esposa del flamante gobernador de Malvinas donó un cheque por 9 millones de pesos y leyó una carta donde aseguraba que su marido y sus tres hijos, también enrolados, defenderían las islas hasta las últimas consecuencias (archivo Urioste).

La sociedad también trascendió las fronteras con la iniciativa oficial "Cartas al Mundo"; los transeúntes recibían de mesas receptoras en lugares céntricos cartas estándar en castellano y en otros idiomas para transmitir "la verdad de Malvinas" y demostrar que los argentinos respaldaban la causa de las islas. Se sugería agregar en cada sobre los datos personales "y una foto suya o de su familia, cualquier foto simple, humilde, cotidiana, es válida. Que el mundo vea que los argentinos somos de ¡carne y hueso! ¡civilizados! ¡occidentales!" (archivo Urioste, mayo 1982), a lo que hubiera podido agregarse: ¡y con familia!

A medida que se acercaba la Royal Task Force, y el estallido bélico era inminente, el puente con las islas se consolidó y diversificó, incluyendo la ofrenda de sustancias vitales con nuevos bancos de sangre y la donación de sangre argentina por presos comunes y políticos (*La Nación*, 21/4/82). Grupos de mujeres se autoconvocaban para tejer bufandas y pulóveres para los soldados en las plazas públicas, rememorando a las mujeres patricias que cosían y tejían para el Ejército Libertador antes de cruzar los Andes. Jóvenes estudiantes se reunían en los galpones porteños de la Sociedad Rural para envasar raciones de guerra, tarea que coordinaba un grupo de mujeres de buena posición social, las "Voluntarias para la patria" y el Comando de Logística del Ejército.

Si la Argentina se ponía en escena representando hitos de la argentinidad, donde la familia y los hijos eran referencias a veces explícitas, a veces tácitas, los extranjeros, individualmente o nucleados en sus asociaciones de residentes, actuaban a la Nación de la inmigración y la entrega de descendencia a la patria adoptiva. Alemanes, chinos, irlandeses, japoneses, coreanos, armenios, sirio-libaneses, europeos y asiáticos de ascendencia judía, colombianos, venezolanos, bolivianos, peruanos, paraguayos, uruguayos, y por supuesto italianos y españoles desarrollaron una serie de actividades que se sumaron al fervor argentino en un conflicto internacional que los convocaba como aliados amigos. En este contexto, ser "extranjero" cobraba signos distintos según la posición que el Estado del que se era nativo adoptaba en el conflicto.

Este punto marcó, ciertamente, las pautas de acción y discurso de numerosos grupos de extranjeros cuyos gobiernos se habían alineado con Gran Bretaña. Residentes en la Argentina, con negocios y capitales en este país, evidenciaron su público apoyo a la demanda de soberanía para no alentar dudas sobre su lealtad nacional. La situación no era tan comprometedora para los latinoamericanos cuyos países brindaron un veloz respaldo al reclamo argentino. Sin embargo, en ambos casos las declaraciones pro argentinas se ajustaron rápidamente a los cánones con que Estado y sociedad civil habían definido históricamente a la Argentina: un país de inmigración o, dicho de otro modo, una Nación adoptiva de extranjeros. Por eso, los medios periodísticos argentinos comenzaron a referirse a ellos como "colectividades" o "comunidades extranjeras" que también figuraban entre los adherentes a la "gesta soberana" y los contribuyentes al Fondo Patriótico. También ellas manifestaban en la Plaza de Mayo y hacían sus declaraciones a los medios. "Colectividades" refería, por lo general, a grupos organizados en sociedades, asociaciones, clubes y centros nacionales y regionales.

Así, un importante diario porteño dedicaba su artículo editorial a la historia de dichas colectividades y su adopción de la Argentina como la nueva patria.

> En estos días ha podido escucharse cómo muchos hombres y mujeres, en un castellano teñido de inflexiones y acentos de otras lenguas, hablaban de la lucha argentina como de la suya propia. El apoyo de las comunidades se ha hecho público de los modos más diversos, la manifestación callejera inclusive (*Clarín*, 6/5/82).

Esos hombres y mujeres no eran sólo extranjeros. Si "la Argentina es un país forjado con la voluntad y el esfuerzo de millones de inmigrantes de todo el mundo" es porque "encontraron aquí un lugar en el que no se practican discriminaciones de credos o razas, donde no existen diferenciaciones entre nativos y extranjeros, tal cual existieron y existen en países que se consideran entre los más adelantados y civilizados" (ibíd.).

El extranjero había "conservado, en la medida en que lo ha querido, sus hábitos particulares, sus costumbres" pero también "se ha integrado a la vida y el sentimiento nacionales" (ibíd.). La Argentina era pluralista porque no discriminaba ni diferenciaba, pero también acrisoladora, porque los había "integrado". El destinatario de este contraste, según el editorialista, eran los Estados Unidos (que a esa altura ya estaban claramente aliados con Gran Bretaña) con su política racista hasta entrados los años sesenta. La asimilación argentina, se sostenía, había sido completa pues no sólo había garantizado la incorporación de los extranjeros a los beneficios —la libertad, la abundancia, el ascenso social, el trabajo— sino también a las mismas crisis políticas y económicas que habían debido atravesar los nativos. Y pese a ello, destacaba la nota editorial, "ahora están de pie frente a la agresión y en la defensa de las reivindicaciones argentinas". El país, entonces, tenía una deuda hacia ellos. Para superarla, se debería salir "del estancamiento en que se ve postrado, recuperar sus fuerzas y mover las palancas necesarias para reemprender la senda del crecimiento" (ibíd.).

Varios diarios se encargaron de destacar la decisión de un hombre de avanzada edad, autodefinido como "súbdito italiano", que decidió renunciar a su nacionalidad y adoptar la argentina, ya que con la decisión de sumarse al bloqueo europeo el gobierno de su país desconocía "la existencia de millones de consanguíneos en la Argentina" (Mauro Ruberto, en "Cartas al país", *Clarín*, 13/5/82). Esta medida —un claro caso de elección ciudadana— extremaba una práctica que no por cotidiana debía pasar inadvertida: buena parte de las marchas de las colectividades unía los monumentos a los héroes nacionales extranjeros —Artigas para los uruguayos, Bolívar para colombianos y venezolanos— con el monumento a San Martín, el "Padre de la patria" argentina, poniendo a los tres al amparo de una misma causa. Los vecinos de la plaza San Martín eran testigos diarios de tamañas ofrendas de lealtad. Los colombianos, por su parte, expresaron su "sorpresa e indignación" cuando Colombia se abstuvo de votar la aplicación del Tratado Interamericano de Asistencia Recíproca (TIAR) en la OEA para sancionar a Gran Bretaña; especularon entonces que si el libertador Simón Bolívar estuviera vivo se hubiera "apuñalado el corazón" y puesto rojo de vergüenza (*La Nación*, 22/4/82).[8]

En una pancarta, las asociaciones italianas proclamaban: "Hermanos argentinos: compadecemos al gobierno italiano porque no sabe lo que hace. Los italianos somos solidarios con ustedes, vivimos vuestra hora histórica y compartimos un mismo destino" (*La Nación*, 17/5/82).

---

[8] En una encuesta, dada a conocer el 18 de mayo de 1982, sobre la opinión latinoamericana acerca del conflicto, la agencia Gallup mostraba que el 93% de los colombianos residentes en Colombia pensaba que la Argentina ofrecería lucha si Gran Bretaña tomaba las islas, y el 84% apoyaba a la Argentina ante el conflicto. Esta encuesta, que obviamente era aprovechada como instancia de propaganda pro argentina, no incurría en esquematismos: los brasileños, en cambio, se pronunciaban en un 87% y un 41% con respecto a los mismos temas; Perú, 95% y 94%, y Uruguay, 85% y 74% (*Clarín*, 18/5/82).

A la línea de parentesco descendente apeló el presidente de la colectividad yugoslava cuando en un acto en la Plaza de Mayo afirmó que sus connacionales

> se han compenetrado profundamente con su nueva patria y han echado raíces en esta tierra de promisión; aquí formaron sus hogares y educaron a sus hijos en el culto de la honradez y el respeto a las instituciones y las leyes argentinas. [...] esos mismos hijos son los que nuestra colectividad brinda para luchar en las Fuerzas Armadas y en el puesto de trabajo cotidiano (*La Nación*, 31/5/82).

Por su parte, los miembros de la Federación de Sociedades Españolas marcharon desde el monumento a San Martín hasta la Plaza de Mayo, enviaron a España a la plana mayor de la Federación y "personalidades representativas", y un telegrama al rey Juan Carlos donde decían estar "orgullosos de que sus hijos hayan sido alistados para la defensa de la soberanía del país que nos cobijó" (*La Nación*, 1/5/82). Una ciudadana argentina de apellido italiano (Ferraro de Pozzi), afirmaba que la Argentina sostenía "una tradición de país de brazos abiertos",

> y era como una madre auténtica que acogió en su regazo a las almas de todas las latitudes que requirieron su amparo, y como tal se brindó, dando y recibiendo beneficios en familiar y total integración. ¿Hay alguien en el mundo civilizado actual que lo ignore? Pese a ello, un importante sector de ese mundo hoy ha vuelto la espalda a esa madre generosa que recogió tan tiernamente a sus hijos disconformes, y lo ha he-

cho en momentos que no por gloriosos son menos difíciles, demostrando una incomprensión e ingratitud inexcusables (*La Prensa*, 20/5/82).

En 1982 la madre adoptiva, en peligro y a punto de ser violada por el pirata colonialista, era "recompensada" con la indiferencia y hasta la oposición de las madres abandónicas.

La ofrenda de los hijos a la que aludían los voceros de las nacionalidades extranjeras, asentaba el derecho de una joven nación de inmigrantes en la genealogía y la sangre, como medio de conferir legitimidad al derecho territorial. Esta apelación no dejaba de encuadrarse en el marco de la nacionalidad cívica donde Malvinas era tanto una causa de los descendientes de ucranianos como de salteños, polacos y correntinos, italianos y bonaerenses reunidos en regimientos, batallones y unidades navales y aéreas. En este punto, la Argentina era presentada, actuada y recreada como una Nación de naciones donde convergían el argumento de la sangre con el contrato ciudadano del modelo franco-norteamericano de nacionalidad.

Este punto fue claramente expuesto por miembros de la colectividad hebrea haciendo caso omiso de las abundantes expresiones de antisemitismo por sectores del Estado argentino a lo largo del siglo XX. A mediados de mayo de 1982, ya en pleno desarrollo bélico, el ministro de Defensa israelí Ari Sharon afirmó, en estricta vena sionista, que "hay judíos en el ejército británico destacado en las Malvinas y los hay también en el ejército argentino y por lo tanto somos testigos de una confrontación en la que judíos luchan entre sí en una guerra que no es la de ellos" (*Clarín*, 27/5/82).

Varias voces de "argentinos de ascendencia judía", como se autodenominaron en esos días los judíos nacidos en la Argentina, le replicaron diciendo que la doble nacionalidad era un falso dilema y que la Constitución argentina garantizaba la libertad de culto, la igualdad de todos los hombres en sus derechos y obligaciones, como es "defender nuestra patria". Así lo entendían las autoras de una carta de lectores, dos argentinas judías del Chaco, de donde procedía un extenso contingente de soldados de la III Brigada de Infantería: "La guerra que hoy enfrenta nuestro país es 'nuestra guerra' porque nosotros somos argentinos; ningún ciudadano que se sienta tal, puede menos que luchar y morir, si es necesario, por esta causa justa" (Susana M. Kesselman de Goren y Silvia E. Kesselman de Umansky, "Cartas al país", *Clarín*, 3/6/82).

Cabe consignar, por último, que a medida que avanzaban las acciones armadas, en algunas localidades los padres y las madres de soldados se congregaron de manera autónoma para obtener información de sus hijos en el frente, mientras ideaban medios para hacerles llegar sus remesas. El caso más conocido, aunque no el único, fue el de los familiares de los conscriptos del Regimiento de Infantería 7 de La Plata, quienes a través de algún personal de la unidad y con algunos fondos propios, crearon un programa de radio semanal para comunicarse con sus hijos. Además, las reuniones entre padres y madres tenían por objeto darse contención en momentos de creciente incertidumbre (Bustos, 1983). Otras modalidades fueron diseñadas por las autoridades militares nacionales y locales, y aplicadas por los habitantes de pueblos y ciudades. Los madrinazgos de guerra, por ejemplo, solían recaer en mujeres de elevada posición social, a quienes se les asignaban algunos ahijados, generalmente heridos; pero también eran madrinas mujeres de clase media acomodada en pequeños pueblos, que se encargaban de averiguar la suerte de sus vecinos-ahijados, lo cual era dramáticamente necesario a medida que se profundizaba el conflicto bélico y se ponía en evidencia la desorganización de la articulación entre las unidades militares y la población, y cubrir los gastos de traslado a sus familiares a los hospitales patagónicos.

Ciertamente no era éste el mismo país que había protagonizado los procesos de exclusión política y social que dominaron el siglo XX. La sociedad se nacionalizaba con la misma premeditación con que se nucleaba en sus ámbitos de trabajo y entretenimiento bajo el auspicio de empleadores y asociaciones civiles; entraba a escena por los medios de comunicación, una que otra intervención pública, y siempre con el mismo discurso: la afirmación de la soberanía argentina en Malvinas. Pero en 1982 no fue la CGT ni un movimiento político quien condujo a las masas, sino las Fuerzas Armadas y un grupo de poder quintaesencial del sistema económico alentado decisivamente por el régimen, el capital financiero representado por la Cámara de

Casas y Agencias de Cambios. El gobierno logró aglutinar a la población y también a los sectores económicos implicados hasta entonces en una pugna por dirimir la política económica oficial.[9] Sin embargo, esta convocatoria tenía un carácter condicional.

El ingreso a la Nación de sectores hasta entonces excluidos, desarticulados, que sin embargo empezaban a reaccionar colectivamente, como en aquel 30 de marzo, no se hizo a cambio de un apoyo explícito al régimen, sino a la causa de Malvinas. Su defensa, se entendía, estaba representada por los hijos de argentinos y extranjeros radicados en el país. La filiación operó, entonces, de modo similar para algunos políticos, y sobre todo para los gremios y los civiles en general, como el único argumento aceptable para afirmar una común pertenencia y los derechos de ella derivados, tras años de terror. Así, el juego al que todos jugaban se representaba en un sentido común que no requería de pronunciamiento político alguno. Y es que en al menos cincuenta años de turbulenta historia, y duras proscripciones de sectores políticos y de "la política" en general, los argentinos se acostumbraron a pensar la Nación como su única base de legitimación ante y contra los poderes, aun omnímodos, del Estado. Pero esa Nación se interpretaba, como

---

[9] Con el flujo hacia el mercado financiero éste se convirtió en el campo de batalla de los grandes grupos económicos, principalmente los grandes industriales y los grandes productores y exportadores agropecuarios (Peralta Ramos, 1987, p. 58; Lewis, 1993).

veremos en el próximo capítulo, más en el campo de la defensa de los derechos políticos y sociales negados por "gobiernos usurpadores", que en la restauración de la filiación.

2. La guerra pendiente[1]

> "Malvinas tierra cautiva
> de un rubio tiempo pirata.
> Patagonia te suspira.
> Toda la pampa te llama.
> Seguirán las mil banderas
> del mar, azules y blancas.
> Pero queremos ver una
> sobre tus piedras clavada.
> Para llenarte de criollos.
> Para curtirte la cara
> hasta que logres el gesto
> tradicional de la patria.
> ¡Ay, hermanita perdida!
> Hermanita: vuelve a casa."
>
> ATAHUALPA YUPANQUI [París, 1971]
> (en *Da Fonseca Figueira*, 1978, p. 121)

El sentido de "recuperación" que tanto el gobierno como la sociedad civil y política le asignaron a la operación militar de 1982 no era una novedad en el pensamiento corriente ni en el discurso político argentino. Desde que Gran Bretaña ocupó Puerto Luis, el pequeño poblado insular rioplatense, en enero de 1833, unas millas al norte del posterior emplazamiento británico que perduraría como

---

[1] Los materiales de este capítulo han sido presentados en Guber (1999, 2000a, 2000b y 2000c).

Port Stanley, la imagen de una "pérdida" territorial fue sostenida primero en el ámbito estatal bonaerense, y luego en las esferas diplomáticas de la República. Con el tiempo, esa "pérdida" fue cobrando nuevos sentidos según el desarrollo del proceso político argentino.

Si bien dedicaremos este capítulo al siglo XX, algunos antecedentes de la segunda mitad del XIX, cuando se sentaban las bases del Estado argentino vienen a cuento para marcar la continuidad temporal de la cuestión Malvinas y su transformación en una nueva metáfora de la Nación. En noviembre de 1869 el periodista de tendencia federal, simpatizante de la Confederación, José Hernández, regresaba a Buenos Aires tras la censura mitrista a la prensa opositora. En el diario *El Río de la Plata*, del cual fue fundador, propietario y redactor durante sus ocho meses de vida, Hernández publicó en dos entregas la carta de viaje de "un amigo" y "jefe de la Marina nacional", el comandante D. Augusto Lasserre, quien había sido comisionado para informar a una asociación aseguradora sobre el naufragio de un buque mercante italiano al sur de las islas. Para Hernández el interés de los artículos radicaba en que "contiene curiosidades ignoradas por la generalidad de nuestros lectores" acerca de "la población, usos, costumbres, industria, comercio y demás, relativo a aquellas islas, cuya situación geográfica les da una grandísima importancia" (Hernández, 1952, p. 15). La publicación buscaba despertar el interés general por ser las islas "propiedad de los argentinos y permanecer, sin embargo, poco o nada conocidas por la mayoría de sus legítimos dueños" (ibíd., pp. 18-19). Ese desconocimiento, según el editor, obedecía a "la negligencia de nuestros gobiernos, que han ido dejando pasar el tiempo sin acordarse de tal reclamación pendiente" (ibíd., p. 19), y "a la indiferencia de nuestros gobiernos, o a las débiles gestiones con que se han presentado ante los gabinetes extranjeros", pues "absorbidos por los intereses transitorios de la política interna, nuestros gobiernos no han pensado en velar por los altos intereses de la Nación Argentina [...]" (ibíd., p. 23). La buena recepción de la primera nota mostraba que "los argentinos no han podido olvidar que [Malvinas] se trata de una parte muy importante del territorio nacional, usurpada a merced de circunstancias desfavorables, en una época indecisa, en que la nacionalidad luchaba aún con los escollos opuestos a su definitiva organización" (ibíd., p. 17). Se refería aquí al débil gobierno de J. R. Balcarce durante el cual Inglaterra envió la corbeta "Clío" al Atlántico Sur y ocupó Puerto Luis, hasta entonces la capital malvinense.

La misión periodística tenía un papel fundamental en el desarrollo de la conciencia nacional de la población pues "si la conformidad o la indiferencia del pueblo agraviado consolida la conquista de la fuerza, ¿quién le defenderá mañana contra una nueva tentativa de despojo o de usurpación?" (ibíd., p. 18). Hernández debió pensar en Malvinas y en las luchas civiles bajo gobiernos débiles cuando sólo tres años después publicaba

*"Los hermanos sean unidos
porque esa es la ley primera,
tengan unión verdadera
en cualquier tiempo que sea
porque si entre ellos pelean
los devoran los de afuera."*

en El gaucho Martín Fierro (1872) que lo consagraría como poeta emblemático de la argentinidad (Halperín Donghi, 1985; Ludmer, 1988; Shumway, 1991, p. 275).

Tanto la incorporación de Malvinas a la lucha política interna como la caracterización de su pérdida como una causa pendiente de los argentinos, resurgieron en el siglo XX pero ya eran rasgos corrientes en el XIX. La acusación que Hernández hacía a los gobiernos por su desprecupación sobre la cuestión territorial no se ajustaba estrictamente a los hechos. Cada año el gobernador bonaerense y el presidente de la Nación dedicaban un párrafo a la cuestión (Ferrer Vieyra, 1992). Malvinas era reivindicada frecuentemente por los organizadores de la República. Domingo F. Sarmiento, por ejemplo, en su oficio de embajador en los Estados Unidos bajo el gobierno de Bartolomé Mitre, demandaba compensación a ese país por la violenta incursión de la corbeta Lexington contra los pobladores de Puerto Luis en 1832, una respuesta clara a la sanción bonaerense en 1831 a balleneros norteamericanos que operaban sin autorización. De hecho, la Lexington preparaba el terreno para la acción británica de enero de 1833. Sin embargo, hasta el momento, el Estado Nacional carecía de una sólida argumentación jurídica de sus derechos al archipiélago. Esta fundamentación, que llegó en el año del centenario de la Revolución de Mayo, inauguró un período en el cual Malvinas ingresó a los debates nacionales y ganó crecientes audiencias, en parte por una decidida acción de ciertos agentes estatales, en parte por el tumultuoso proceso político en el cual Malvinas se fue convirtiendo en una reivindicación de política interna con el carácter de una resolución pendiente.[2]

1. *Les Îles Malouines*

Que un francés fuera considerado por el Estado argentino como el fundador de "Malvinas" como campo de estudios jurídicos e históricos no era de extrañar en una República que se consolidaba desde mediados del siglo XIX bajo el modelo de la nacionalidad instaurado por los principios revolucionarios de 1789. Junto a ese modelo, los estadistas de la Argentina buscaban imbuir a la ciudadanía de los elementos de la alta cultura europea, es decir, francesa, desde las grandes agencias culturales del Estado.

[2] Otras historias sobre las islas Malvinas y su disputa territorial pueden verse en Caillet-Bois, 1948, 1950; Gamba, 1984; Goebel, 1950; Muñoz Azpiri, 1966; Taiana, 1985; desde la perspectiva inglesa: Ferns, 1979.

El perfil de Paul Groussac, llegado de Francia a Buenos Aires en 1866 con sólo 18 años, comenzó a delinearse cuando la llamada "generación del 37", segunda generación de proscriptos por el rosismo (Romero, 1975, p. 134), comenzaba a concretar su autoasignada misión de organizar la República. Proyectado a la cultura oficial por su primer protector, el ministro de Instrucción Pública de Sarmiento, Nicolás Avellaneda, fue docente en Tucumán y Santiago del Estero, director de la Escuela Normal de Tucumán e inspector nacional de Educación para, años después, ser convocado por Eduardo Wilde, ministro de Julio A. Roca (1880-1886), como inspector nacional de Enseñanza Secundaria. Desde 1885 y hasta su muerte en 1929, fue el director de la Biblioteca Nacional (Canal Feijóo, 1970).

Groussac fue el predicador de un modelo literario de expertos que convergía con el afán historiográfico mitrista, aunque por lealtad a su primer mentor se situó políticamente en las antípodas del autor de *Galería de celebridades argentinas* (1857). Su modelo de narrativa histórica seguía estrictas premisas que lo llevaban a "remontarse a la fuente primitiva; a dudar de todo lo que no se haya verificado personalmente; [...] meditar largas horas sobre un tema de poco momento; constituirse, por fin, el juez severo y no el abogado complaciente de la propia tesis" (Groussac, en Canal Feijóo, 1970, p. 301). Fue en 1910, cuando la ciudad de Buenos Aires se había consolidado como Capital Federal de la República, centro político-cultural, puerta de salida del granero del mundo y de entrada a inversiones e importaciones, cuando Groussac publicó *Les Îles Malouines*, la introducción de una serie documental editada en los Anales de la Biblioteca Nacional de Buenos Aires (pp. 401-579 del vol. 6).

El ensayo cobraba, según su autor, el carácter de un tributo al lugar soberano de la Nación Argentina en el sistema mundial. Por eso no comenzaba refiriéndose a los derechos que asistían a la Corona Española, sino a los de la República Argentina nacida, según la liturgia patriótica de la época, en 1810. El plan de la obra era el siguiente:

> 1) El origen de la ocupación actual, donde se cuentan los principales incidentes de los conflictos américoargentino y angloargentino, con las negociaciones diplomáticas que fueron su consecuencia; 2) Los viajes de descubrimientos, donde son discutidos los hechos relativos a la prioridad; 3) Las primeras ocupaciones [...] El orden cronológico aparece invertido; pero, al parecer, en provecho del orden lógico. La cuestión resulta, primeramente, planteada por los sucesos de los años 1832 y siguientes: es, si se quiere, el enunciado del teorema cuyos antecedentes históricos proporcionan la demostración (Groussac, 1982, p. 20).

Si Groussac reconocía prioridad por descubrimiento a los holandeses (1600), y por ocupación efectiva a los marinos franceses de Saint-Malo (de allí *Malouines*) y a Bougainville (siglo XVIII), admitía que

> los derechos de España, y por consiguiente de la República Argentina, heredera legítima de la madre patria para todo el territorio marítimo comprendido en el antiguo virreinato de Buenos Aires, están conteni-

> dos casi enteramente [...] en la comprobación positiva y siempre verificable de que el archipiélago de las Malvinas es una dependencia geográfica de la Patagonia, es decir, en suma, una parte del continente. [...] He aquí el derecho primitivo y sin igual que exhibe la República Argentina a la prioridad de las Malvinas: la comprobación inmediata y tangible de que el territorio disputado participa de su propio organismo geográfico (ibíd., p. 163-164).

La integridad orgánica de la Nación comprendía el territorio y la geografía, pero la base de su argumento era el pasado del cual pretendía extraer lecciones para el presente.

> Lo que [...] nos atañe a nosotros exclusivamente, es exponer una vez más y, si se puede, con más rigor que hasta hoy, los derechos positivos e imprescriptibles de la República Argentina a la propiedad del archipiélago (ibíd., p. 15).

Malvinas era parte de este discurso fundador por el cual Groussac se erigía en juez, también, de la política argentina. Como en los dichos de Hernández, la justificación de los derechos internacionales suponía consideraciones de política interna. La pérdida de las islas obedecía a las mismas razones que la ausencia de una sólida argumentación en su defensa.

> Se ha dicho, y todo el mundo lo repite, que los pueblos tienen los gobiernos que merecen. [...] Sería más verídico decir que el pueblo que se ha rebelado bajo los buenos gobiernos, se prepara por eso mismo a inclinar la nuca bajo los malos. Los bonaerenses no merecían, por cierto, a Rosas –ni siquiera al Rosas ése,

todavía embozalado, del tiempo que nos ocupa–; pero era necesario que fuesen castigados por haber desconocido a Rivadavia quien [...] significaba la civilización que intenta detener a la barbarie. El castigo [...] fue contemplar la patria abatida hasta tornarse un objeto de desprecio y acaso una presa ofrecida al extranjero. He aquí la razón de los desembarcos autoritarios, como en tiempo de los Drake y de los Cavendish; de las explicaciones apenas coloreadas de un pretexto; con un largo silencio, apenas interrumpido por dos o tres semi-explicaciones más desdeñosas que el silencio mismo, por toda respuesta a las justas reclamaciones de los expoliados! (Groussac, 1982, p. 47).

El fiscal de "nuestros pobres defensores" de la "patria abatida" se refería al embajador de Rosas en Londres, Manuel Moreno, a quien negaba capacidad y conocimiento de la historia de los derechos argentinos (Groussac, 1982, p. 52).

Groussac inventaba la causa de Malvinas como consagrada por la República liberal y por su propia pluma, sumándose a la historia como un campo de batalla política donde se esgrimía el arma del olvido o, mejor, del silencio. El francés sabía que en 1833 la Cancillería de Buenos Aires emitió no menos de cinco pedidos oficiales a Gran Bretaña, un informe de situación a los demás gobiernos americanos, y dos a la Legislatura bonaerense, además de varias instrucciones a Moreno, y la primera protesta formal por la ocupación inglesa el 17 de junio. Entre 1834 y 1848 el gobernador Viamonte y luego Rosas con sus ministros incluyeron los derechos argentinos sobre las islas en su mensaje inaugural para la apertura de sesiones de la Legislatura bonaerense (Torres Revello, 1953. Documentos 1.401, 1.406, 1.407, 1.409, 1.414, 1.421, 1.444, 1.475, 1.517, 1.513, 1.516, 1.518, 1.553, 1.557). En suma, las primeras protestas formales argentinas —1833, 1838, 1841 y 1849— se emitieron bajo un gobierno federal, y la mayoría bajo administración rosista.

Si ese pasado revelaba para Groussac una era de barbarie —el "tiempo de los Drake y de los Cavendish"— Malvinas simbolizaba el destino de una Nación que había desconocido el legado de los prohombres de 1810, entendido como la traza liberal de la República (Canal Feijóo, 1970; Devoto, 1993; Noel, 1979). Heredero y predicador del pensamiento político y cultural de los enemigos de Rosas, Groussac construía una historia donde el progreso, la cultura y la soberanía territorial se confrontaban, todavía medio siglo después, con la tiranía del déspota y las masas. Groussac recordaba un personaje de Shakespeare que admiraba "la fuerza de un gigante", pero deploraba la atrocidad de "usarla como un gigante"; la analogía abarcaba al imperio colonialista usurpador de un territorio, pero también al "tirano" usurpador del gobierno, el gran Restaurador.

Esta presencia de la usurpación por el poder de la fuerza podía interpretarse como cierta ruptura en una continuidad representada como natural, igual que la filiación y la descendencia. En este sentido, y adelantándose unas décadas al fervor malvinero de las "colectividades migratorias", Groussac enmendaba la continuidad trunca emplazándose a sí mismo en la dedicatoria de la obra como hijo adoptivo; ese lugar lo reservaba a la República Argentina, aludiendo más a la constitución del régimen político, que a un presunto carácter nacional basado en el parentesco.

Este cariz se confirmaba en su trayectoria de intelectual. Mimado por la elite política, obsequiado con la dirección de una institución clave como la Biblioteca, Groussac fundaba a Malvinas como causa del Estado nacional sin exceder, empero, su marco intelectual. La diferencia con *El gaucho Martín Fierro* no podía ser mayor ya que Groussac dejó su ensayo escrito en su lengua materna, en una colección única sin duplicación. Para que la argumentación del "insigne francés" se nacionalizara, era necesario transformar *Les Îles Malouines* en *Las Islas Malvinas*. La iniciativa, que demoró veinte años, no provino de aquella intelectualidad europeizante, sino de un opositor de peculiar nacionalismo, que operó en una coyuntura más proclive a la división que a la unidad de los argentinos.

2. Las Islas Miserables

En setiembre de 1934 un senador presentó en un monólogo de tres jornadas ininterrumpidas la justificación del proyecto de ley 11.904, que encomendaba la traducción a la Comisión Protectora de Bibliotecas Populares, la publicación oficial y completa de la versión castellana, y la elaboración de una versión resumida del "contenido sustancial de la obra" para editar y distribuir a todos los establecimientos escolares, a las bibliotecas populares y por canje, a instituciones extranjeras. Las ediciones serían financiadas con 30 mil pesos de rentas generales. La ley fue sancionada el 26 de setiembre con la firma del presidente del Senado y vicepresidente de la Nación, Julio A. Roca (h).

El promotor de la iniciativa y legislador por el socialismo, Alfredo Lorenzo Palacios, estaba complacido de que su aprobación fuera unánime, pues Malvinas operaría de puente entre el Estado y la sociedad que el régimen excluía progresivamente. Ese puente, creía, tenía su cabecera en las aún democráticas instituciones del Estado como el Parlamento, el sistema escolar y la red de bibliotecas populares creada por Sarmiento en 1870.[3] Malvinas se vincularía, según él, con las reivindicaciones sociales de los trabajadores y los humildes que los gobiernos habían olvidado. Ya en su primera tesis doctoral sobre la clase obrera porteña, que tituló *La Miseria en la República Argentina*, y que fue rechazada por explícitas razones ideológicas, Palacios sostenía, como Hernández, que incluso el más connotado ladrón y proscripto "no es [...] sino un hambriento. La miseria les armó el brazo" (Palacios, en García Costa, 1986, p. 126). La desigualdad social y la concentración latifundiaria habían extin-

---

[3] Vecinos o ciudadanos de cualquier punto del territorio nacional podían crear una biblioteca popular haciendo un depósito de dinero en el Banco de la Nación Argentina, a cambio de lo cual recibían del Estado el doble de ese monto en libros.

guido a un tipo social, "el paisano [...] ese personaje altivo, pundonoroso, noble" (ibíd., pp. 122-123).

Pero, a diferencia de Hernández y más próximo a Groussac, Palacios participaba del ideario iluminista y liberal con el que había accedido a una diputación por el barrio obrero-portuario e inmigrante de La Boca en 1904. El Partido Socialista aspiraba a promover la civilización y el progreso en las masas incultas mediante la educación y una profusa legislación social. Palacios se había volcado a esta tarea como abogado desde 1900, atendiendo gratuitamente a obreros y humildes, promoviendo desde 1904 reformas a la legislación social y represiva, la derogación de la ley de residencia, el descanso dominical, el sábado inglés, la indemnización por despido, la jornada laboral de ocho horas, la abolición de la pena de muerte, los accidentes de trabajo, la inembargabilidad de los bienes, la reglamentación del trabajo de la mujer y del niño (Lacoste, 1993, p. 25), y la penalización de los importadores de mujeres europeas para ejercer la prostitución (Guy, 1994, p. 45). Pero todo esto no agotaba su labor: bajo el primado de la ciencia positiva las mejoras no se conseguirían sólo con leyes, sino también con una activa práctica pedagógica que debía alcanzar a gobernantes y gobernados; por eso emprendía extensos alegatos que justificaban cada uno de sus múltiples proyectos parlamentarios.

El trabajo político de los fundadores del socialismo se encuadraba en los marcos legales y en la labor parlamentaria, apuntando a fortalecer la sociedad civil como contralor del Estado, esto es, "a la civilización y el perfeccionamiento de la democracia civilizada" (Vazeilles, 1967, p. 44), superando la "política criolla" de conservadores y radicales. Pero Palacios integraba el ala nacionalista del partido (García Costa, 1986, p. 32), a diferencia de Juan B. Justo, su fundador, quien bregaba por el internacionalismo y la civilización europea. Por eso, en 1914 Palacios sugirió llevar la bandera argentina a las manifestaciones públicas del partido (ibíd., p. 35).[4] Su nacionalismo debía articularse con la democracia y los derechos sociales.

> Respeto a las instituciones de la patria y el cumplimiento de la Constitución. Así entendemos nosotros el patriotismo. Nuestro nacionalismo no es instintivo ni excluyente; es razonado y universalista y reconoce como fundamentos inalterables la justicia, la libertad y la soberanía civil de los hombres. Este concepto de nuestro patriotismo es específicamente argentino, único que proclamaron y sostuvieron los fundadores de nuestra nacionalidad y que hemos forjado al través de nuestra historia (ibíd., p. 252).

Su compromiso con los principios democráticos ubicaba a Palacios en las antípodas del régimen autoritario de "un hombre cuya autoridad no tiene más ley que su voluntad", el presidente-general Agustín P. Justo y "la Constitución antidemocrática que se pretende imponer" proscribiendo al radicalismo en una modalidad política que sería recu-

---

[4] En respuesta, un centro de la sección 18ª en asamblea ulterior confirmó "su adhesión absoluta a la Internacional Obrera Socialista" y rechazó "el patriotismo rastacuero" (ibíd.).

rrente en el siglo XX: la democracia parcial o restringida (ibíd., p. 250).

Pero la demanda democrática y el nacionalismo de Palacios anclaban en derechos sociales. Así recordaba su labor legislativa en 1915 cuando presentó su dimisión al socialismo debido a la sanción partidaria por batirse a duelo:

> He luchado durante quince años por elevar el nivel moral y material de los que sufren, y, en nombre de mi partido, obtuve leyes que dignifican el trabajo y gravan el privilegio; que velan por la mujer obrera, para quien yo he deseado ardientemente la igualdad ante la fuerza y la belleza, con respecto a las mujeres de las otras clases; leyes que suprimen la tortura de los niños en las fábricas y que amparan a los pequeñuelos sin madre, huérfanos de todo afecto, que todavía no han caído, y cuyo único delito es el de no haber conocido nunca la dulzura de una caricia materna (García Costa, 1986, pp. 38-39).

Esta lógica resurgía en 1934 al predicar la reivindicación de islas sin utilidad aparente:

> "Islas Miserables" fueron llamadas en el Parlamento británico. Fue el 25 de julio de 1848. William Molesworth, al discutirse el presupuesto de gastos de las colonias británicas [aseveró:] "Ocurren aquí las miserables Islas Malvinas, donde no se da trigo, donde no crecen árboles; islas batidas por todos los vientos, que desde 1841 nos han costado nada menos que 45 mil libras esterlinas, sin retorno de ninguna clase, sin beneficio alguno (Palacios, 1934, pp. 37-38).

El razonamiento sonaba a Palacios tan aberrante como el desprecio a niños y mujeres-madres desamparados. Para el legislador las islas eran argentinas aunque no dieran utilidades y aun cuando la Argentina hubiera sido en 1833 demasiado joven para defenderlas. Los trabajadores argentinos merecían leyes sociales que los ampararan de los explotadores; las naciones nuevas requerían un orden internacional justo que las protegiera de los gigantes, ya que "entre naciones civilizadas" la jerarquía entre metrópolis y colonias debía desaparecer (ibíd., p. 130). La dignidad que confiere la defensa del honor debía ser mantenida y Palacios, legislador de los pobres, se erigía ahora en defensor de las islas desamparadas del Sur. Si

> hace cerca de ciento treinta años, en Buenos Aires, los hombres, las mujeres y los niños abandonaron todo, y movilizáronse para arrojar al invasor, obteniendo la capitulación y la retirada de Whitelocke (ibíd., p. 38),

podía esperarse ahora

> que el pueblo argentino sepa que nuestro país es el soberano de las Malvinas, tierra irredenta, sometida al extranjero por la ley brutal del más fuerte. A eso tiende mi proyecto que entrego al Honorable Senado (ibíd., p. 138).

Con el respaldo del Estado argentino, *Les Îles Malouines* llegaron, en efecto, a todos los rincones del país haciendo que los argentinos conocieran *Las Islas Malvinas* para defenderlas y defenderse de su usurpación; así como, para Hernández, que las Malvinas fueran argentinas dependía de la conciencia del pueblo de su recuperación, para Palacios el conocimiento de los derechos sociales, políticos y territoriales haría libres a los pueblos. El tiempo mostraría los alcances de este planteo.

En suma, según Palacios, la causa de Malvinas no sólo pertenecía al Estado nacional, en cuya corriente gestión creía muy parcialmente, sino fundamentalmente al pueblo, a los trabajadores, a los desamparados de toda legislación. Pero la operación de Palacios tenía una particularidad: la Nación se articulaba con los derechos sociales a través del lenguaje del honor y de la dignidad.

El fundamento de su política no residía en el planteo científico y abstracto de las leyes de la historia, sino en la lógica caballeresca y masculina que los criollos habían adoptado del concepto europeo del honor. Pero Palacios hacía confluir esa noción con el planteo socialista de la justicia social, enfatizando la necesidad de defender el honor de los despojados que no pueden defender por sí mismos su propio honor mancillado, como las mujeres, los niños y los pobres —y, además, las madres solteras y los huérfanos—. La personificación del territorio y la metáfora de las Malvinas como "miserables" era, precisamente, el lugar de un interesante encuentro entre islas olvidadas-desamparadas del brazo patrio, y los hijos olvidados-desamparados por el Estado y por sus padres, como en su propio caso, hijo natural de un político uruguayo, de quien recibió el apellido. Palacios encarnaba las dos condiciones: hijo natural y defensor del honor de los humildes. Aplicada a las islas miserables la "legislación social" podía consistir, en principio, en la traducción y difusión de la obra de Groussac, haciendo posible el reconocimiento público y general de su pobreza y destierro. Siguiendo con la metáfora, además de las presentaciones en la esfera diplomática del reclamo argentino, Palacios bien podía haber avalado como "legislación política" un duelo final para salvar el honor de las islas irredentas a través de la espada: "la miseria les armó el brazo", hubiera podido esgrimir.

3. Las Islas Irredentas

En los años treinta, y al menos hasta 1982, la cuestión Malvinas solía invocarse en el lenguaje del honor nacional pero no necesariamente en el del reclamo popular. Meses antes de la presentación de Palacios se había publicado en Buenos Aires *La Argentina y el imperialismo británico* de los hermanos entrerrianos Rodolfo y Julio Irazusta (1934). Resonante éxito de dos ediciones consecutivas, fue la primera propuesta orgánica de "contra-historia" argentina que trascendería como "el revisionismo histórico" (Quattrocchi-Woisson, 1992, p. 109). Las razones del suceso radicaban en la prosa accesible con que se presentaba una interpretación de la crisis política y económica del modelo agroexportador de la república oligárquica. Los autores sintetizaban dicha crisis en el "tratado Roca-Runciman" (1933), por el cual el presidente Justo intentaba revertir la medida del *buy British* instaurado después del crack financiero de 1929 con que Gran Bretaña, principal comprador de carne argentina, daba prioridad a países del Commonwealth de la franja templada –Sudáfrica, Australia, Nueva Zelanda y Canadá– (Cantón *et al.*, 1972, p. 23).

Con este fin, Justo envió a Londres una comitiva encabezada por su vicepresidente, Julio A. Roca (h), para firmar un tratado con el encargado del British Board of Trade, Walter Runciman, que asegurara la cuota de venta de carnes argentinas a Gran Bretaña. Por dicho acuerdo ésta se comprometía a mantener la cuota de importación de carne argentina aunque se reservaba el derecho de su eventual disminución. A cambio obtenía la participación en el 85% de los frigoríficos extranjeros en la Argentina –ingleses y norteamericanos–, la liberación de derechos al carbón y otros productos, y la disminución de derechos aduaneros de sus importaciones. La Argentina destinaría la totalidad de las divisas procedentes de las ventas a Inglaterra sólo a "comprar británico" y daría trato preferencial impositivo a las empresas de ese origen, dueñas de los servicios públicos (Ciria, 1972, p. 125).

En la ocasión, Roca creyó un gesto de gentileza declarar públicamente que, desde el punto de vista económico y en virtud de una interdependencia recíproca, la Argentina formaba parte del Imperio Británico, al cual agradecía, también, su temprano apoyo a la independencia (Quattrocchi-Woisson, 1992, p. 111). La oposición parlamentaria que Palacios integraba leyó el tratado y estas palabras como una burda "entrega" al capital inglés. Tras sugerir su investigación por una comisión parlamentaria, el senador demócrata-progresista Lisandro de la Torre denunció el monopolio británico de la industria frigorífica como un negocio embozado que sólo favorecía a los agentes gubernamentales y a los frigoríficos, intermediarios en el negocio de la carne que condenaba a los pequeños y medianos productores. El virtual "Sexto Dominio" tenía menos prerrogativas siendo una nación independiente, que Australia o Canadá, dos semicolonias.[5]

El contexto de la publicación de *La Argentina y el imperialismo británico* era el mismo que el del proyecto de Palacios, y ciertamente a los dos los animaba la oposición al régimen y a "la entrega", pero por diferentes razones. El objetivo crítico de los Irazusta no era tanto que Justo, un militar más moderado o "liberal" que su antecesor Uriburu –al que reemplazaba por su deceso– no pretendiera transformar las reglas del juego democrático sino remodelarlas implantando un orden constitucional restrictivo; el objetivo crítico, más bien, era el manejo político de la crisis económica.

Regresando al plano interno, para ellos el tratado de 1933 se había gestado en el siglo XIX, más específicamente en 1826 cuando la clase dominante instauró a la fracción rivadaviana del partido metropolitano en el poder (Irazusta e Irazusta, 1934, p. 100). No cuestionaban el carácter de la

---

[5] De la Torre se refería además a procedimientos ilegales, como el de la portación del buque inglés *Norman Star* de los libros de contabilidad de un frigorífico, camuflados en un cajón rotulado *corned beef* (Ciria, 1972, pp. 126-127; 1969).

"oligarquía", como bautizaron los autores a la clase dominante argentina basada en la pampa húmeda y en el complejo agroexportador, pues según ellos toda nación requiere una clase dirigente.[6] Tampoco criticaban la concentración de la propiedad si estaba fundada moralmente en la probidad y el conocimiento. Coincidían con otros nacionalistas de la época en oponerse a la reforma agraria de los maximalistas bolcheviques, a las medidas sociales de los socialistas, y a la "democracia de masas" que desde el gobierno de Hipólito Yrigoyen venía desvirtuando la integración ordenada y jerárquica de la República.[7] Lo cuestionable era el signo de esa dirigencia que, ávida por el progreso material e imitadora de los modelos secularizados de Francia y Gran Bretaña, ataba a la Nación; de ahí el subtítulo del volumen, *Eslabones de una cadena, 1806-1933*.

Esa clase argentina pero sin conciencia nacional representaba, según los autores, "la fracción del

[6] "Nuestras objeciones al empleo de los oligarcas en la diplomacia no eran de principio. Tampoco lo son al régimen en sí. Nuestras objeciones son en ambos casos históricas. Porque como hay oligarquías benéficas, las hay perniciosas" (Irazusta e Irazusta, 1934, p. 100). Julio Irazusta había escrito en 1931, en un artículo inédito, que los "poseedores de la tierra" constituían "la verdadera fuerza de conservación, la suma de intereses particulares más coincidentes con el interés general del país" (en Buchrucker, 1987, p. 93).

[7] Junto a Ernesto Palacio, Juan E. Carulla, César Pico y Tomás Casares, los Irazusta lanzaban desde 1927 sus ideas en *La Nueva República*, el periódico en que los Irazusta publicaron su prédica maurrasiana, republicana, antidemocrática y antiliberal (Quattrocchi-Woisson, 1992, p. 83).

progreso" opuesta a la "de la independencia" que representaba Rosas (Irazusta e Irazusta, 1934, p. 101), la única excepción en la cadena porque encarnaba la fracción del "gobierno fuerte" en el partido federal (ibíd., p. 41). Su ejercicio de poderes extraordinarios había sido el único medio para evitar la disolución de la nación. Cuando Rosas retomó el gobierno de la provincia de Buenos Aires en 1834, "el imperialismo en el Río de la Plata tenía los días contados" (ibíd.). Rosas enfrentó a Francia y Gran Bretaña en la batalla de la Vuelta de Obligado, disputando el control de los ríos interiores. "La Santa Federación" era el modelo de soberanía para América del Sur.

Malvinas era, en este esquema, el contra-ejemplo de lo que debía ser un gobierno nacional. La usurpación de las islas era la revancha del frustrado asentamiento inglés en el Río de la Plata en 1806 y 1807 (Irazusta e Irazusta, 1934, p. 21), pero esa "revancha" demostraba varias cosas. En primer lugar, ponía en evidencia la arbitrariedad con que operaba un imperialismo "respetuoso de la libertad"; "Si [Gran Bretaña] había asegurado la independencia argentina, era sin duda respecto de los otros Estados, no de ella misma" (ibíd., p. 41). Segundo, en su hilación con 1806 y 1845 [la Vuelta de Obligado] la usurpación de 1833 desnudaba el primado de los intereses externos por encima del "estribillo de la ininterrumpida amistad anglo-argentina" (ibíd., p. 24). En tercer lugar, los Irazusta opinaban, como Groussac y Palacios pero en sentido inverso, que la ocupación inglesa exponía las condiciones políticas internas que la habían hecho posible.

> La primera gobernación de Rosas, con las facultades extraordinarias, explica el compás de espera en la maniobra británica, como las circunstancias en que aquél abandonó el poder en 1832, explican el sincronismo entre la transmisión del mando en Buenos Aires y la toma del Puerto Soledad (*sic*) por el comandante Onslow. [...] El 8 de diciembre se elegía a Balcarce como sucesor de Rosas, después de alternativas que mostraron la división del partido federal dominante en dos fracciones [...] circunstancia que el sucesor de Mr. Woobine (*sic*) Parish no podía ignorar. Y el 1º de enero de 1833, Inglaterra se apoderaba de las Malvinas (ibid., p. 41).

El imperialismo británico se valía de las "formas regulares" que algunos llamaban "democracia", para atropellar la soberanía nacional.

El sentido de "entrega" de la misión Roca no podía ser más explícito: su arribo en 1933 coincidió con la emisión de un sello postal que celebraba el centenario de la presencia británica en las "Falklands". Los Irazusta denunciaban que en la ocasión un miembro del servicio exterior había declarado a United Press "la enormidad siguiente: 'La Argentina se parece a un importante dominio británico'" (ibíd., p. 19). Luego citaban la frase de "gentileza" vicepresidencial, y en cuatro páginas reproducían gran parte del discurso de bienvenida del príncipe de Gales a la delegación argentina. Era ése

> un mes importante, hasta decisivo, en la historia de las relaciones anglo-argentinas [...]. A menudo es peligroso profundizar los tiempos pasados, porque las viejas querellas pueden volver a la superficie, pero en nuestro caso podemos mirar a los cien últimos años y

considerar con gran placer la larga amistad existente entre Gran Bretaña y la República Argentina porque no se hallará en ellos ningún motivo de lamentación y solamente motivos para estar orgullosos (En Irazusta e Irazusta, 1934, p. 21).

Para los Irazusta ese siglo comenzaba en 1833 con "el hecho más desagradable en las relaciones de los dos países en cuestión: la violenta toma de posesión por aquél, [...] de una legítima propiedad del otro", y no en 1825 cuando Inglaterra reconoció la independencia.

Los Irazusta introducían así la noción de "imperialismo" en un campo teórico distinto al de la izquierda marxista y socialista latinoamericana, cuyo blanco preferido eran los Estados Unidos. Hasta el golpe del treinta, los nacionalistas argentinos se limitaban a debatir las formas de gobierno y de incorporación de las masas, los desaciertos del yrigoyenismo, los cíclicos descalabros financieros y la laicización de la sociedad y de la educación. La posición defensiva antidemocrática no comprendía el antibritanismo, sino la condena al materialismo y a la secularización liberal (Buchrucker, 1987, p. 75). Pero el planteo cambió cuando la administración uriburista, y luego la de Justo, mostraron su distancia del programa revolucionario de 1930.

La decepción en los círculos intelectuales del nacionalismo afectó a los hermanos Irazusta de modo diverso. Rodolfo, "el político" de la dupla, se lamentaba de que Uriburu no hubiera avanzado hacia "una 'rebelión' contra 'las organizaciones extranjeras' que dominaban el comercio internacional de la Argentina" (ibíd., p. 87), y se volcó a criticar la crueldad contra los enemigos del gobierno, y a reivindicar el yrigoyenismo como movimiento popular. Según Zuleta Álvarez, este cambio fue congruente con la relevancia que cobró en su pensamiento la cuestión del imperialismo (ibíd., p. 92). Su hermano Julio, "el historiador", continuó escribiendo artículos contra el sufragio universal (Buchrucker, 1987, pp. 87-ss.).

La apelación de los Irazusta a la recuperación de las Islas Malvinas era parte de una lucha política entre la república liberal y la república jerárquica. Su similitud con Palacios y también con Groussac radicaba en leer la pérdida de Malvinas como resultado de un proceso político nacional llevado a cabo por sus representantes políticos en alianza con fuerzas externas —el imperialismo que usa su fuerza como un gigante—. En los tres casos —Groussac, Palacios, los Irazusta— el despojo de Malvinas se interpretaba en clave de política interna y también de honor mancillado.

Que *La Argentina y el imperialismo británico* fuera retirado de circulación por el editor ante las presiones diplomáticas inglesas y los primeros ecos de la Segunda Guerra Mundial (Quattrocchi-Woisson, 1992, p. 123), podía entenderse fácilmente como una manifestación más de aquella alianza espúrea. Pero el terreno estaba preparado para recuperar territorio y honor por la vía de los hechos. Antes de que el Proceso encarara por sí mismo la tarea pendiente, otros mostrarían el camino aunque, quizás, eran demasiado jóvenes para defender el honor nacional que sólo correspondía, según la ideología que le es propia, a caballeros consumados.[8] Su acción ingresaba de lleno en la lucha política interna bajo un régimen proscriptivo y antipopular que ciertamente pretendía la restauración de la jerarquía. Ese "verdadero clásico de la literatura nacionalista" (Buchrucker, 1987, p. 122) sólo volvió a ver la luz en 1982.

4. Las Islas Liberadas

Los derechos sociales que inspira Palacios y el revisionismo rosista y antibritánico que introdujeron los Irazusta y otros historiadores de la línea fueron

---

[8] Según estudios de la antropología en los países del Mediterráneo europeo, africano y asiático, el "honor" o términos similares refiere a una investidura autoadscripta y adscripta a ciertas personas en términos de su estatus, respeto y precedencia. El honor implica un reconocimiento horizontal entre pares (de condición o clase), y vertical entre sectores superordinados y subalternos. Los agravios o amenazas al honor (por ejemplo, al buen nombre, al prestigio, la trayectoria) se defienden a través del "duelo", un enfrentamiento armado que incluye el riesgo de muerte, y altamente ritualizado entre quien agravia y quien es agraviado. Sólo los hombres adultos pueden batirse; los niños, las mujeres, el clero y los judíos no pueden hacerlo; su honor, especialmente en el caso de las mujeres, deben defenderlo los hombres adultos de su familia (padre, esposo, hermano mayor) (Pitt-Rivers, 1979; Pitt-Rivers y Peristiany, 1993). La práctica del duelo se prohibió tempranamente en la Argentina, pero siguió realizándose ilegalmente en este país, o legalmente en la República Oriental del Uruguay.

a encontrarse tras la caída del segundo gobierno de Juan Domingo Perón el 16 de setiembre de 1955. Aunque en la década peronista de 1945-1955 los trabajadores fueron objeto de una nutrida legislación ideada por el ahora antiperonista Palacios, la narración revisionista del pasado argentino no se integró sino con la caída y exilio de Perón. El período denominado "la Resistencia" por los desde entonces proscriptos peronistas inauguró la acción directa como vía de expresión política, en un clima de polarización creciente entre peronistas y antiperonistas. Para consolidar lo que Frondizi, Guido e Illia se revelaban incapaces de realizar, una democracia sin Perón ni el peronismo, un nuevo golpe de Estado depuso al radical Illia el 28 de junio de 1966 e impuso al general Juan C. Onganía al frente de la presidencia.

Exactamente tres meses después los diarios informaban que dieciocho jóvenes de entre 18 y 35 años desviaron un DC-4 de la línea aérea estatal, en vuelo regular a la Patagonia, hacia Port Stanley, la capital malvinense. El "operativo Cóndor" llevado a cabo por diecisiete hombres y una mujer, simpatizantes del nacionalismo de derecha y del peronismo, forzó al comandante de la nave a aterrizar en la pista de carreras ecuestres de Stanley (no existía aún el aeropuerto), a la que los comandos bautizaron "aeropuerto Antonio Rivero"; luego distribuyeron panfletos explicando la operación, plantaron siete banderas argentinas, rebautizaron a Port Stanley como "Puerto Rivero", y fueron rodeados por curiosos e infantes de marina.

El comandante de la operación, Dardo Cabo, y la única mujer del grupo, Cristina Verrier, se dirigieron a la casa del gobernador para invitarlo a plegarse al pabellón argentino, pero fueron expulsados de inmediato. Desde el avión comunicaron por radio al continente que se encontraban "en jurisdicción nacional" y que "ellos [los británicos] son los usurpadores" (*Así*, 8/10/66). También aseguraron que no abandonarían sus puestos hasta que el gobierno inglés reconociera la soberanía argentina. Mientras tanto, en la Argentina continental se difundía una declaración suya donde se autocalificaban de "cristianos, argentinos y jóvenes", "pertenecientes a militancias políticas distintas", al "pueblo argentino", a

> una generación que [...] asume sin titubeos la responsabilidad de mantener bien alto el pabellón azul y blanco de los argentinos, y que prefiere los "hechos a las palabras".
> La responsabilidad de nuestra soberanía nacional siempre fue soportada por nuestras FF.AA. Hoy consideramos le corresponde a los civiles en su condición de ex soldados de la nación demostrar que lo aprendido en su paso por la vida militar ha calado hondo en sus espíritus pues creemos en una patria justa, noble y soberana (ibíd.).
> En nombre de todos cuantos habitan nuestro suelo y en especial la juventud argentina", concluían en la disyuntiva "O concretamos nuestro futuro o moriremos con el pasado (ibíd.).

La carta estaba fechada en "puerto Rivero", y su canal de difusión fue la prensa, en particular la que dirigía el periodista Héctor García, quien había sido contactado por los comandos para integrar el pasaje de aquel vuelo y cubrir los acontecimientos en su diario *Crónica* y en algunos semanarios.

En un comunicado presidencial Onganía asumía el compromiso de la "Revolución Argentina" con la soberanía sobre las islas, pero atribuía la protección del archipiélago a la "responsabilidad del gobierno", y los hechos de fuerza a las Fuerzas Armadas. Como el acto del grupo comando "lesiona el prestigio del país y su tradición", se sometería a sus responsables a la Justicia. "La recuperación de las Islas Malvinas no puede ser excusa para facciosos" sino "causa profunda de la vocación de patria de cada argentino" (ibíd.). Por eso "el gobierno británico recibió todas las seguridades de que el comando no recibirá una 'triunfal recepción', sino que serán considerados como delincuentes" (*Crónica*, 28/9/66).

Este juego de réplicas y contra réplicas presentaba algunas continuidades y discontinuidades con la aparición de Malvinas en la escena pública. De las continuidades era evidente, primero, que Malvinas se configuraba como una cuestión pendiente que alguien debería, tarde o temprano, asumir; segundo, el gobierno interpretaba la operación de los cóndores como parte de un faccionalismo cuyos responsables eran fáciles de identificar, precisamente por los objetivos de reorganización política del régimen. La jefatura y buena parte de los cóndores provenía de familias peronistas o de lugares de trabajo con activismo sindical del sector proscripto. Por último, que los hechos de fuerza concernientes a Malvinas serían responsabilidad de las

Fuerzas Armadas se confirmaría en sólo 16 años bajo otro régimen militar.

Entre tanto, la principal discontinuidad radicaba en que Malvinas y su recuperación entraba concretamente a la lucha política interna de los argentinos y que el lenguaje militar permeaba ya estas acciones. Sin embargo, y a diferencia de ocasiones previas, los cóndores no se proclamaban como "una facción", es decir, por su relación a una pertenencia política entendida como "parcial" en el lenguaje militar del gobierno, sino como parte de totalidades más abarcativas: argentinos, jóvenes y cristianos; prueba de ello eran sus edades, la apelación al ceremonial de la misa y a los símbolos patrios, y la invocación a su pasado en la conscripción.

Por mediación del sacerdote católico isleño Rodolfo Roel los pasajeros fueron alojados en casas de los *kelpers* mientras el grupo permaneció en el avión. Hacia la noche, el grupo pidió al sacerdote que oficiara una misa en el avión, que los comandos concluyeron con el Himno Nacional Argentino. A la mañana en un salón de la Iglesia Católica se reunieron pasajeros, tripulantes y el gobernador británico, quien prometió encargarse de la "repatriación" al continente, pues el avión se anegaba en la turba. Tras algunas cavilaciones, el grupo decidió presentar su rendición a Roel y al comandante de la aeronave, siendo alojado en un local de la parroquia adonde permaneció vigilado hasta su partida. La entonación del Himno Nacional y el blandir de banderas argentinas se reiteraron en varias oportunidades hasta que el buque argentino "Bahía Buen

Suceso" trasladó a comandos, pasajeros y tripulantes al extremo austral argentino, Tierra del Fuego. Los jóvenes permanecieron entre nueve y quince meses en prisión en las jefaturas policiales de Ushuaia y Río Grande, bajo los cargos de privación de la libertad, delitos que comprometen la paz y la dignidad de la Nación, y piratería, entre otros (García, 1993, p. 248).

Aunque el secuestro de aviones era una novedad en la Argentina, el operativo tenía sus antecedentes. Ya en 1964 el piloto civil de ascendencia irlandesa Miguel FitzGerald había aterrizado en las islas con el "único, necesario y suficiente título" de ser "ciudadano argentino" (FitzGerald, en García, 1993, pp. 219-220). Que las Malvinas eran reconocidas como argentinas era parte del sentido común de la población, tal cual lo notaba el historiador británico Arnold Toynbee al recordar su visita al país en 1966:

> Todos los argentinos estaban de acuerdo en sostener que las islas eran legalmente suyas, que el reclamo británico sobre ellas no tenía valor alguno y que la ocupación británica de las islas es, en consecuencia, una ocupación ilegítima. En cuanto a esto el gobierno argentino y el pueblo coinciden en forma unánime y no se trata sólo de una postura académica; el asunto con Gran Bretaña sobre las islas tiene su origen en sentimientos profundos y apasionados de honda raigambre en los corazones argentinos (Toynbee, en Pereira, 1984, p. 84).

La novedad de los cóndores radicaba en concretar por la vía "de los hechos" armados, una reivindicación nacional pasando por encima del Estado y el gobierno, y sentando las bases del poder por fuera, y también en contra, de las Fuerzas Armadas. Varios elementos contribuían a forjar esta lectura en la opinión pública argentina: la colaboración de la prensa de orientación populista, la proscripción política del peronismo y de la izquierda, y la puesta de la acción bajo la advocación de un personaje legitimado por algunos historiadores, muchos de ellos amateurs, próximos al revisionismo.

Podría afirmarse que estando vedada toda alusión al peronismo, a Perón y a Evita desde 1955, los integrantes del operativo recurrieron a otro pasado para denotar la exclusión política del "pueblo" y el desamparo de la Nación. El nombre elegido para rebautizar Port Stanley correspondía al del "gaucho Antonio Rivero", un hombre de campo de la provincia de Entre Ríos llevado como peón en 1829 por Luis Vernet, comerciante hamburgués delegado del gobierno de la provincia de Buenos Aires para establecer una colonia en las islas. Rivero y los demás peones eran, al momento de la ocupación británica, los únicos criollos en una exigua población de europeos que después del 1º de enero de 1833 se plegó a los nuevos dueños. En agosto los gauchos decidieron rebelarse, pero las razones son discutidas. Para la Academia Nacional de la Historia, calificada por los revisionistas de "liberal", es decir anglófila, los peones se rebelaron ante la negativa del despensero a aceptar los vales de la administración de Vernet. Según los historiadores riveristas, Rivero y los suyos estaban guiados por un impulso patriótico (Almeida, 1966; Campos,

1966; Moya, 1966; Muñoz Azpiri, 1966; Tesler, 1966).

El relato riverista de los hechos posteriores cobraba el tono de una gesta heroica. Viendo que la flotilla porteña no llegaba a auxiliar a los representantes del Río de la Plata (Leguizamón Pondal, en Tesler, 1966, p. 4), el levantamiento de los gauchos culminó con la toma de la isla y la muerte del personal europeo. En 1834 tropas inglesas comenzaron la persecución de los rebeldes que habían optado por la guerra de guerrillas ante su inferioridad numérica y de armamento (Tesler, 1966, p. 4). Uno a uno fueron cayendo hasta el mismo Rivero, quien fue conducido prisionero a Londres. Según uno de los historiadores simpatizantes con su figura, Rivero llevaba así

> su sacrificio hasta el último extremo. Ser aherrojado en tres barcos ingleses, a él que había vivido libre, como solamente fueron libres los gauchos, para ser devuelto como un retazo humano a tierra que no era la suya, en un sufrimiento supremo de avizorar la patria, a la que tanto dio, desde otra patria, desmembrada por los mismos ingleses contra los cuales peleó (Muñoz Azpiri, 1966, p. 403).

Los historiadores riveristas afirman que en 1838 Rivero fue devuelto al Río de la Plata y desde allí regresó a su tierra natal.

> En estos días confiesa haber descubierto [...] Leguizamón Pondal que el capitán Rivero cayó en la batalla de Obligado, el 20 de noviembre de 1845, luchando contra los invasores ingleses y franceses; las primeras víctimas de esta hecatombe murieron cantando el Himno Nacional Argentino en las barrancas, entona-

do por las bandas militares del Regimiento n. 1 de Patricios de Buenos Aires (Muñoz Azpiri, 1966, p. 403).

A través de la "historia" los Cóndores asentaban su novel experiencia como jóvenes rebeldes contra el *status quo*, en el pasado malvinero y en la orientación revisionista que, desde los Irazusta y de algún modo desde Hernández, proponía una contra-historia antiliberal y nacionalista. Sin embargo, a diferencia del temprano revisionismo de derecha, los riveristas ofrecían a los Cóndores una versión que reivindicaba al régimen democrático y popular ahora proscripto. Que el operativo tenía fuertes lazos con el peronismo era inocultable en sus consignas, en sus lazos con los sindicatos de la CGT, en la filiación de su comandante Cabo, hijo de un notorio dirigente metalúrgico muy próximo a Perón, y también en la versión historiográfica en la que abrevaban para forjar un héroe en aquel pasado insular yermo de figuras descollantes. La historia de Rivero, nada menos que un gaucho como aquel Martín Fierro, permitía pronunciarse sobre la coyuntura política desde la noble e intachable perspectiva de la Nación.

El acto nominativo de los cóndores daba sentido a la operación, a sus jóvenes agentes y a la reivindicación sobre las islas, transformando la gesta de Rivero en un modelo interpretativo del proceso político y del lugar de los comandos en él. El modelo comenzaba, en una primera fase, con la ocupación y la rebelión. Si los argentinos estaban de acuerdo en que las islas habían sido ocupadas por una fuerza imperial e ilegítima, los Cóndores extendían esta imagen al sentimiento de los peronistas y, cada vez más, de aquéllos que la "Revolución Argentina" de Onganía excluía, perseguía y encarcelaba. La Nación había sido ocupada por un régimen antipopular que proscribía a la mayoría del pueblo. Sin canales de expresión, el pueblo debía tomar las riendas de su propia defensa, aun cuando se encontrara en inferiores condiciones. La rebelión debía apelar, por eso, a la acción directa, como en la guerrilla de Rivero. Los Cóndores habían optado por esta alternativa cuando desviaron el avión y aterrizaron en Malvinas, otro hecho de la Resistencia del peronismo proscripto (Gillespie, 1987, p. 79; Anzorena, 1989).

La segunda fase correspondía a la captura y la deportación. Como Rivero, los comandos fueron apresados y deportados a los confines de la Argentina, no casualmente adonde a comienzos del siglo XX funcionó un gigantesco penal para delincuentes peligrosos y militantes anarquistas. Pero en este caso, a diferencia de la historia de Rivero, quienes capturaron a los Cóndores eran el gobernador inglés y el gobierno argentino. Los jóvenes eran calificados de delincuentes –fuera de la sociedad y facciosos, de dudosa representatividad nacional–, no de patriotas, suscitando la pregunta obligada: si los argentinos consideraban a las Malvinas como suyas, ¿qué compromiso con la Nación podían tener quienes castigaban a sus reivindicadores? ¿Eran acaso enemigos, socios del poder usurpador o traidores?[9]

[9] En este sentido era significativa la presencia entre los

Asimismo, la asociación entre la historia de Rivero y los cóndores se extendía al exilio de Perón, líder del movimiento peronista y de la verdadera Nación.

La tercera etapa correspondía al regreso y la muerte; Rivero había vuelto desde Londres a Entre Ríos, y muerto en un combate por la defensa de la soberanía. Los Cóndores serían liberados y regresarían a la lucha por el retorno del jefe proscripto y del peronismo, y por la "liberación" del pueblo argentino que era, también, la recuperación de Malvinas. Pero su final podría preverse en la historia de Rivero, cuyo episodio final de dudosa ocurrencia les parecía plausible a los riveristas y a los Cóndores por igual:

> No hay pruebas de que fuera realmente el gaucho de las Malvinas [quien muere en Obligado]. Pero, sin lugar a dudas, la presencia y la muerte de Antonio Rivero en ese combate hubiera sido un hecho lógico en la trama de su dramático destino [...] que, desde el fondo remoto de los años, le estaba señalando una misión que Rivero cumplió sin darse tregua: la defensa de la soberanía argentina (Tesler, 1966, p. 5).

La misión del regreso para morir en combate cabía perfectamente en el destino que aquellos jóvenes

---

treinta y cuatro pasajeros del contraalmirante José M. Guzmán, entonces gobernador militar de Tierra del Fuego, territorio Antártico, Malvinas e Islas del Atlántico Sur. Guzmán prefirió un perfil conciliador con el gobernador británico, al de la reivindicación de soberanía. El viejo forjista devenido en peronista, Arturo Jauretche, puso esta contradicción de manifiesto preguntándose por la verdadera argentinidad del gobernador (1969/1983).

forjaron para sí en el curso de un *in crescendo* de violencia política donde no bastaba saber sino actuar ("movilizarse"). Los escuadrones de la muerte desde 1974, y los centros de detención del Proceso, dentro del plan internacional coordinado de terrorismo estatal en el Cono Sur bajo el nombre de "Operación" o "Plan Cóndor", completaban un drama que aquellos Cóndores del '66 podían imaginar como un posible desenlace, "un hecho lógico en la trama de su dramático destino" (ibíd.): algunos muertos durante la violencia política de 1972-1975; otros muertos, desaparecidos y presos durante la guerra sucia, terrorismo de Estado, y otros exiliados (Andersen, 1993).

En este recorrido hemos presentado, si no todas las coyunturas en que Malvinas saltó a la escena pública, ciertamente aquéllas en que esa irrupción fue significativa tanto para sus receptores, como para la transformación del reclamo diplomático internacional por Malvinas en una causa nacional y popular. En este trayecto Malvinas se fue convirtiendo en un símbolo donde la ambigüedad abonaba cierto consenso en torno de su definición como un problema interno a los argentinos, como resultante de disputas y exclusiones, y como una causa pendiente de solución y conclusión.

El sentido común de los argentinos suele atribuir este vigor al aparato escolar. Si bien el mismo Palacios consideraba que la escuela ayudaría a nacionalizar la reivindicación, el tema aparece demasiado esporádicamente en *El monitor de la educa-*

ción común, la publicación periódica que reflejó la política del Consejo Nacional de Educación en los diseños curriculares.[10] La iconografía geográfica argentina siempre incluyó a las islas en los mapas de la República y los manuales de historia contenían y contienen el episodio de la "usurpación". Sin embargo, la resonancia política de Malvinas no viene de aquí; su significatividad residía menos en el carácter confrontativo y eminentemente político de su contextualizada historicidad.

En un proceso político plagado de rupturas intempestivas, de pérdidas constantes de legitimidad y de persecución por "razones políticas", Malvinas se convirtió en una adecuada metáfora de la Nación usurpada ya no sólo por el "pirata inglés" sino por sectores políticos argentinos definidos mutuamente como enemigos, y en especial por los regímenes de facto.

La demanda se formuló con una continuidad inusitada en las altas esferas de la diplomacia y la política, y su nacionalización fue inherente a la centralización del Estado Argentino moderno, que fuera tanto su principal inspirador y promotor, como actor principalísimo de las luchas internas. Pero la difusión y el acogimiento de Malvinas por parte de las más diversas audiencias y su representación

---

[10] Carlos Escudé señala que "los artículos dedicados a las Malvinas en *El monitor* son muy escasos. La causa de Malvinas era funcional para la educación patriótica, no obstante lo cual se manejó con prudencia y no se hizo campaña" (1990, p. 52). Pese a ello atribuye la popularidad del nacionalismo territorial de 1982 a la educación patriótica.

como causa popular se produjo en contextos de denuncia de la opresión y la injusticia hacia los humildes del campo (Hernández), de la ciudad (Palacios), de los movimientos políticos populares y de la juventud (Cóndores). Aun los primeros revisionistas, al incluir al antiimperialismo en el nacionalismo doctrinario, trazaban un modelo para que una figura como la del gaucho Rivero se presentara a la vez como emblemática de un pueblo ignorado por sus gobiernos y perseguido por el gigante imperial, y también para que el peronismo adoptara la contrahistoria revisionista para inventar un lugar en la historia argentina como compensadora de la exclusión política y social de las mayorías. Si para los Irazusta, Malvinas era una excelente manifestación de la posición genuflexa de la Argentina en el concierto mundial, esta interpretación subordinaba, como en todos los otros casos (Hernández, Groussac, Palacios y Cóndores), la suerte externa a la política interna. El arrebato colonialista explicado como efecto de los males nativos, sea por la tiranía de Rosas, sea por la debilidad de Balcarce, por la "entrega" del régimen de Justo o por la dictadura de Onganía y el exilio de Perón, era en rigor un argumento entre antagonistas locales y un instrumento de lucha política.

Que Malvinas representaba la exclusión política y social de los argentinos se evidenciaba en varios aspectos. En general, las islas se concebían como degradadas, abandonadas, despreciadas o marginadas (islas miserables, hermanitas perdidas). Estas alusiones solían proferirlas o hacerlas suyas sectores que eran o se representaban como objeto de persecución (peronistas), marginación (el gaucho Rivero, los Cóndores que vuelan en las altas cumbres), y oposición con respecto al centro del poder (Palacios en el Parlamento, y Palacios en su partido; los Irazusta en el campo historiográfico).

Este posicionamiento se expresó a veces en términos de filiación, pero –salvo en el caso de la revista *Así* de García que durante los días del operativo y luego durante la larga reclusión de los Cóndores, los presentaba como hijos de trabajadores, de un dirigente metalúrgico (Cabo) y de un juez (Verrier), y eventualmente como padres de familia– en general el lazo de parentesco quedaba trunco: hermanitas perdidas (Yupanqui), protector de madres solteras, de los humildes y de las islas miserables (Palacios), eventuales hijos de Perón (Cóndores). De todos modos, el lenguaje del parentesco no llegaba a ocultar el sentido político de las acciones reivindicatorias y sus respectivos contextos. Palacios reclamaba la traducción de la obra de Groussac desde un particular ideario socialista nacional; los Cóndores eran presentados como hijos, pero eran interpretados por el público y por el gobierno como peronistas, delincuentes y jóvenes. En realidad su presentación como hijos venía más bien a contrarrestar el cargo de delincuentes que les hacía Onganía, antecesor del de "subversivos" que les impondría el Proceso.

Ciertamente contribuía a esta lectura el hecho de que exceptuando la publicación de Groussac en los *Anales* de la Biblioteca, en 1910, Malvinas trascendió a la escena pública en contextos de opresión o de cuestionamiento a la legitimidad de sectores del Estado, fundamentalmente a quienes ocuparon el Poder Ejecutivo. Tanto en 1934 como en 1966 gobernaban las Fuerzas Armadas. Llamativamente, pese a la retórica antiimperialista de Perón, la década de 1945-1955 no presenta hitos importantes en la reivindicación y la nacionalización de las Malvinas. Asimismo, los poemas que encabezan la introducción y la mayoría de estos capítulos, incluyendo la canción premiada en un concurso sobre el tema insular, y que cobró renovada vida durante el conflicto de 1982, fueron publicados bajo regímenes militares (véase *supra*, p. 25).

La confluencia de la inquietud por la soberanía sudatlántica y por el futuro político permite inferir que Malvinas fue creciendo como causa nacional a la sombra del *tempo* político donde se conjugaban a veces lo imprevisible, y siempre lo repentino, pero no la conclusión a un estado permanente de turbulencia esperanzada, desenfrenada y frustrante a la vez. Es ésta una condición manifiesta en la afirmación "las Malvinas son argentinas", donde por un lado campea la tensión entre la demanda y el hecho (pues Gran Bretaña ejerce una ocupación no sólo efectiva sino sostenida como definitiva), y por el otro se cierne una temporalidad pendiente sugerida por las reiteradas presentaciones diplomáticas y confirmada por un mandato inminente de recuperación y regreso para todos los argentinos (Guber, 2000a). No casualmente los Cóndores y el gaucho Rivero emergían cuando el nuevo gobierno de la Revolución Argentina prometía clausurar el peronismo para siempre, y las consignas peronistas "Perón vuelve" y "Volveremos" arreciaban en pintadas callejeras. Malvinas evocaba la tarea de recuperar la Nación que siempre y renovadamente se representaba como perdida. Tal era la promesa que pareció cumplirse aquel 2 de abril de 1982 y que se cerró tajantemente el 14 de junio de 1982.

3. La guerra absurda

> "El hecho que refiero pasó en un tiempo
> que no podemos entender."
>
> JORGE LUIS BORGES (1982)

La extraordinaria vigencia de la reivindicación argentina de las Islas Malvinas puede explicarse, entonces, y paradójicamente, como resultado de la representación de esta causa nacional como incontaminada por la política pero, a la vez, como una reivindicación que ha permitido expresar demandas políticas en un idioma considerado legítimo, aun bajo las más duras gestiones militares: el idioma de la Nación. La continuidad de Malvinas como una causa nacional emblemática de los argentinos, mostraba una lógica contrastante con la discontinuidad política. Pero es necesario advertir que "continuidad" y "discontinuidad" son, ambas, representaciones sobre los hechos. ¿Cuál era el punto de contacto que, según las nociones y prácticas corrientes en la Argentina hasta 1982, permitía relacionar y diferenciar el reino de la continuidad (la Nación) del de la política (discontinuidad)?

Si el idioma de la Nación fue el único que logró sobrevivir las rupturas institucionales, esto se debió en buena medida a que las ideologías que dominaron el espectro político argentino, fundamentalmente las que nutrieron a los militares —y por lo tanto, también a Perón—, presentaban a la política como sinónimo de división interna, y a la Nación como sinónimo de unidad. Bajo un razonamiento tautológico, con la excusa de anular la división y salvar "a la patria" y "a los argentinos", las sucesivas rupturas hicieron de toda pertenencia política —especialmente si se posicionaba frente al *statu quo*— un objeto pasible de sanción, ya fuera de tipo moral o de tipo policial. Esta sanción implicó, general y necesariamente, una ruptura en la continuidad y en la representación de la continuidad, esto es, una ruptura en la memoria. El decreto de 1955 que prohibía la invocación nominativa e icónica de Juan Domingo Perón y su extinta esposa, Eva Duarte, fue uno de los tantos ejemplos en que el contendiente o enemigo político devenía objeto de muerte o cárcel, pero también de interdicción del recuerdo e imposición de su olvido.

Hasta 1982 esta lógica nunca alcanzó a Malvinas que, reivindicada por unos y por otros, se mantuvo "pura", es decir, fuera del mundo de "la política", de los "mezquinos" intereses de "sectores y banderías". Por eso, en 1982 el régimen del Proceso avanzó sobre seguro, al menos en el plano interno: nadie pondría en discusión el carácter nacional de la iniciativa, aun cuando tuviera que explicitar que el apoyo era a la causa de soberanía (la Nación) y no al régimen que concretaba la recuperación (la política). Sin embargo, en los primeros veinte días

Malvinas apareció tocada por los usos políticos de la memoria y del olvido, anunciando lo que sucedería con Malvinas desde la rendición, en el recuerdo de los argentinos.

Como lo insinué en el primer capítulo, la identidad nacional de la capital isleña se mantuvo confusa hasta la segunda mitad de abril. Hasta entonces las noticias periodísticas procedentes de las islas se databan en un lugar al que se reconocía como "puerto". Sin embargo, mientras para algunos diarios la capital isleña se llamaba "Puerto de las Islas Malvinas" o "Puerto Stanley" (*La Prensa, La Nación* 5/4/82), para otros era "Puerto Rivero" (*Diario Popular, Crónica* y *Clarín*, 4/4/82, 5/4/82). En este caso se ostentaba, y en aquél se desconocía, al "héroe gaucho de Malvinas". Pero en verdad, el objeto de ostentación y desconocimiento era quienes habían invocado a Rivero como sustituto de Lord Stanley[1] en junio de 1966. Los Cóndores no fueron mencionados en los recordatorios periodísticos durante los 74 días del conflicto, como sí lo fueron Hernández, Palacios, los Irazusta, Groussac y hasta el mismo Rivero. La presencia de aquellos jóvenes sólo se reconocía a través de la nominación gaucha de la capital isleña, precisamente en el diario de Héctor García. Por su parte, y tal como lo comunicaban los diarios *La Prensa* y *La Nación*, el gobierno dejaba vacante ese espacio nominativo, consciente de una espinosa historia que él mismo había intentado clausurar contando entre sus "subversi-

---

[1] Lord Edward G. Smith Stanley era en 1840 ministro de Colonias del Imperio Británico.

vos" presos y luego "trasladados" y muertos al comandante del operativo Cóndor. Ya lo sabía Nicanor Costa Méndez, canciller en 1982 y también en 1966 cuando debió dar muestras muy contundentes, ante la protesta británica, de que los Cóndores serían tratados como delincuentes y no como patriotas. Hasta aquí, entonces, se recurría a una vieja práctica: los Cóndores no debían ingresar a la gesta nacional de Malvinas, ni siquiera a las recapitulaciones que mencionaban a todos aquellos que hubieran hecho algo por la soberanía argentina en ese territorio, y no hubieran entrado sin la intervención de García, y la evidencia del vacío nominativo generado por el gobierno. Este vacío, sin embargo, parecía más una imposición de "las circunstancias", que fruto de la casualidad, la imprevisión o la estricta meditación.

Recién el 21 de abril un decreto bautizó a la capital como "Puerto Argentino", ya que

> Puerto Stanley (es una) denominación [...] ajena a la historia y tradiciones de nuestro país, [...] la efectivización de la soberanía sobre las islas mencionadas permite la concreción de actos de gobierno que evidencien la voluntad del pueblo argentino y de sus fuerzas armadas, sostenidas a través de toda la historia (*Clarín*, 22/4/82).

Esta indefinición de veinte días, en medio del mayor fervor, no se debió sólo a que el Proceso debía silenciar el recuerdo del paso de los "Cóndores" por Malvinas, sino a que ni la Junta ni sus consultores encontraban una designación de fácil y positiva admisión en la Argentina de entonces. La espera o parálisis o indecisión de tres semanas —cuando todavía la guerra no había comenzado—, y la opción final por el gentilicio que debía corresponder a la jurisdicción nacional de las islas irredentas, ostentaba el único término de unidad y continuidad aceptable, más allá de "sectores y banderías", implicando que probablemente toda otra referencia hubiera caído en alguna contienda política o historiográfica. "Puerto Argentino" era coherente con la recuperación militar de la Nación unida, Nación de la cual la Junta del Proceso pretendía apropiarse.

En suma, "Argentino" era el único adjetivo, la única cualidad admisible en una Nación hecha de, y concebida como integrada por, enemigos mortales y fatales. Esta perspectiva ponía fuertes limitaciones a la posibilidad de imaginar un lugar para Malvinas la guerra, y para Malvinas la causa de soberanía, en el devenir nacional. Esas limitaciones se evidenciaron inmediatamente, pues, como era de esperar, la unidad cayó junto a Puerto Argentino el día en que la Task Force recuperó la gobernación, y las Malvinas regresaron desde el 14 de junio de 1982 "por la puerta trasera" a la contienda interna de los argentinos.

La primera reacción fue tan pública y tan explícita como lo habían sido hasta entonces las muestras de aprobación y respaldo. Poco después de escuchar los eufemismos con que el presidente anunciaba la rendición —"cese de fuego", "evacuación de las tropas"—, la gente volvió a respirar gases lacrimógenos y a experimentar el impacto de las cachiporras policiales, al grito de "traidores" y "Galtieri, borracho, mataste a los muchachos".

Desde entonces, "Malvinas" ingresó en un cono de sombra y silencio, que algunos interpretaron como "olvido". Dejando en un lugar subsidiario a las islas y a la demanda de soberanía, el mágico término de la unidad pasó a referir, casi exclusivamente, a la guerra de 1982, con un tono vergonzante y extremadamente crítico que parecía ubicar la temática en las mismas matrices con que solía tratarse a los enemigos políticos. Como resultado, "Malvinas" empezó a aparecer, si aparecía, como objeto del mayor extrañamiento, enviando la única guerra argentina del siglo XX al mundo de la irracionalidad. Esta nueva perplejidad-incomprensión se expresaba en la indignación y la frustración con respecto a los errores de estrategia militar, la falla moral de los cuadros y la natural inferioridad de "un ejército (en términos genéricos) de conscriptos de 18 años" para enfrentar a los cuerpos de elite de la segunda potencia de la OTAN.

Este clima, tan opuesto al que primara durante los 74 días de la guerra, fue justificado como una respuesta al triunfalismo del régimen y del periodismo adicto, emblematizado en la tapa de una revista masiva que pregonaba "¡Vamos ganando!". Sin menospreciar el poder de los medios y la decepción ante la pérdida de las islas, propondré aquí un cambio de énfasis. Nuevamente ubicados frente al interrogante de cómo explicar el apoyo popular a la causa y/o la guerra y/o el Proceso, sostendré que la reacción anti-Malvinas que dominó en buena parte de la posguerra se debió a que, después de la rendición, los argentinos procedieron a identificar la guerra y, por ende, a "Malvinas" con el Proceso de Reorganización Nacional, el régimen, la dictadura, y las fuerzas armadas golpistas y antipopulares del siglo XX.

Hay varias razones para sugerir este nuevo acento. En primer lugar, según vimos en el capítulo anterior, la reivindicación pública y popular de Malvinas se había ido convirtiendo en un vehículo para expresar la oposición en contextos políticos opresivos y sociopolíticamente excluyentes. En segundo lugar, también vimos en el primer capítulo que quienes acercaron sus voces para apoyar la recuperación no eran ciegos adherentes a las causas nacionales sino críticos de la gestión procesista. Es sumamente dudoso que ellos también hayan sido ganados por la propaganda bélica. En todo caso, el gran problema que presentaba la interpretación de Malvinas es que su surgimiento en 1982 no se expresó como antagonismo sino como comunión. En tercer lugar, pese a que algunas editoriales periodísticas inflaban los éxitos argentinos, los sucesivos comunicados emitidos por el gobierno sobre el devenir bélico suministraron mayor información y fueron, según el *Latin American Newsletters* (1983), más fieles a lo que ocurría en Malvinas y el Atlántico Sur que los comunicados británicos. En cuarto lugar, los británicos no aparecían prácticamente en los comentarios negativos que generalmente los civiles hacían sobre la guerra. El objetivo crítico preferido fueron los militares argentinos, tratando a éstos en términos bastante similares a los que dominaron la conversación sobre otras temáticas relativas al Proceso, como la violación de los derechos humanos. Por último, la reacción antimilitar que primó en la posguerra hizo centro en el "engaño", pero quizás éste fuera más profundo y complejo que el provocado por la ficción periodística.

En este capítulo daré algunos elementos para fundar la idea de que la decepción por la derrota fue la primera fase de una elaboración posterior que no respondió a la indignación por la mentira informativa sino a que el Proceso había "politizado" una "causa nacional", roto los lazos de filiación y herido de muerte a la temporalidad pendiente de la reconquista territorial. Desde entonces Malvinas tomó dos sentidos que se emplearon de maneras distintivas y también intercambiables: como sinónimo del Proceso y como sinónimo de la Nación. En el primer caso, Malvinas significaba el mal uso (esto es, el uso "político", "sectorial", "interesado") de un símbolo puro, inclusivo, democrático y abarcativo. En el segundo, Malvinas refería a la continuidad y la transmisión, a la recuperación pendiente, y por lo tanto posible, de la unidad. El primero, sin embargo, fue ocupando el lugar del segundo pero no lo anuló, como ya veremos.

Dado que la cuestión Malvinas recibió poca atención analítica dispuesta a comprender los sentidos que los argentinos le asignaban al término y a los eventos de 1982, y ya que los políticos y los intelectuales pretendieron distanciarse lo más rápido posible de su participación en las jornadas de júbilo malvinero, o siquiera del recuerdo de aquella malhabida aventura, los argentinos (incluyendo aquí a políticos, militares, gremialistas y población en general o agrupada en sus organizaciones) se vieron expuestos, con sentidos experienciales sumamente contradictorios, a las versiones dominantes que "recordaban" "Malvinas" como un fiasco y una locura irresponsable, esto es, como un pasado nefasto que sólo invita al horror, jamás a la comprensión. Según veremos en las tres secciones de este capítulo, no haber elaborado una política de la memoria sobre la única guerra argentina del siglo, esto es, descartarla como sinrazón, redundó en su emergencia azarosa e intempestiva, frecuentemente en apariencia "irrazonable", aun por parte de quienes llegaron a representar la firmeza moral ante la marea patriótica. Qué hacer con Malvinas y cómo insertarla en el hilo narrativo del pasado nacional fueron preguntas que intentaron responderse los argentinos paralelamente al retiro del Proceso bajo la figura presidencial de un general (Reinaldo Bignone) y a la apertura democrática, el llamado a elecciones para el 30 de octubre de 1983, y los dos gobiernos subsiguientes, el de Raúl Alfonsín por la Unión Cívica Radical (1983-1989), y el de Carlos Menem por el Partido Justicialista (1989-1995).

Los chicos de la guerra

Como era lógico, y en estrecha continuidad con el período bélico, el tema de los conscriptos estuvo presente en las conversaciones cotidianas de los argentinos, en las páginas de los diarios y en los flashes de los noticieros desde sus sucesivos reingresos al continente hasta su paso por las unidades respectivas y visita a sus hogares, para recibir la baja al poco tiempo, en el caso de quienes pertenecían a la clase '62 (nacidos en 1962), o, en unos meses, en el de quienes debían aún completar el año de conscripción, por pertenecer a la clase '63.[2] Como vimos en el primer capítulo, mientras esos "chicos" estuvieron en Malvinas se hablaba de ellos como representantes y defensores de la causa argentina, "nuestros héroes en las islas". Pero al poco tiempo de regresar, la gente empezó a referirse a ellos con una mezcla de perplejidad e indignación. Esta reacción, sin embargo, contradecía la experiencia

[2] En 1973 una reforma al servicio militar modificó la edad de sorteo, que pasó de 21 a 18 años, lo cual redundó en que el cumplimiento efectivo de la conscripción tuviera lugar a los 19 años. Los soldados que fueron a Malvinas pertenecían en general a dos "clases" o promociones. Los nacidos en 1962, que contaban con 20 años en 1982, ya habían concluido el servicio cuando fueron nuevamente convocados en los primeros días de abril. En cambio, quienes pertenecían a la clase 1963 habían entrado entre enero y febrero al servicio, de modo que cuando fueron destinados al teatro de operaciones contaban con 19 años y con un promedio de tres meses de instrucción militar. La frecuente anécdota de que "los nuevos" no sabían limpiar sus fusiles y que, por lo tanto, se les trababan en pleno combate, se explica en este punto. Otras clases también estuvieron presentes en el campo de operaciones, también apodados "los viejos" por haber solicitado prórroga, generalmente por razones de estudio; los soldados de mayor edad provenían de zonas con elevada población universitaria, como La Plata (Regimiento 7) y Buenos Aires (Regimiento 3).

argentina en la materia; habían transcurrido 80 años desde la instauración en 1901 del servicio militar obligatorio de los jóvenes varones que, como evidenciaron los Cóndores al justificar el operativo en su instrucción militar regular como conscriptos de las Fuerzas Armadas, estaba plenamente incorporado al sentido común general, y particularmente al sentido común masculino. En 1982 el momento de "servir a la patria" había llegado; la movilización de los conscriptos a la zona del conflicto mostraría para qué habían sido preparados.

En rigor, la perplejidad provenía no tanto de la existencia de la conscripción sino de la posición de subalternos y víctimas que se asignaba a los soldados. Esta posición se encuadraba en la desigualdad bélica entre argentinos y británicos, pero alcanzaba ribetes dramáticos cuando reproducía, fuera del contexto y de la coyuntura de guerra, algunos relatos de los ex soldados sobre sus experiencias en el teatro de operaciones. En estos relatos la presencia del enemigo externo se tornaba secundaria con respecto a los enemigos internos, los militares.

Miles de jóvenes regresaban a sus hogares y muchos a la condición de "civiles" con anécdotas y vivencias que habían dejado marcas en sus cuerpos y en sus almas. Estos reales o potenciales "heridos de guerra" habían visto morir y quizá matado; habían utilizado armamento y habían tomado decisiones vitales en combate o bajo los bombardeos de hostigamiento. La población desconocía los síntomas del llamado "estrés postraumático" de una guerra regular; sólo había sido preparada para "la recuperación". Entre tanto, aquellos jóvenes dejaban su enrolamiento en el doble carácter de poseedores de una experiencia única y directa, y portadores de necesidades acuciantes en su regreso a la vida civil en la posguerra. La conjunción de estos dos aspectos derivó en la identificación de los ex soldados como víctimas inocentes de las Fuerzas Armadas profesionales junto a las cuales enfrentaron a Gran Bretaña. Después de la rendición los jóvenes de 19-20 años dejaron de ser "la avanzada patriótica", para convertirse en los "pobres chicos", la "carne de cañón" de un régimen que mató a otros argentinos, primero por su participación en actividades político-subversivas y después por el solo hecho de ser jóvenes varones haciendo la conscripción. A ello contribuyeron ciertamente los mismos ex conscriptos que solían decir: "Nos trataron mejor los ingleses que nuestros superiores". Coherentemente, tanto sus heridas como sus experiencias fueron ubicadas por la población en la serie de victimizaciones del pueblo argentino; la masacre de la juventud aparecía como perpetrada por el régimen militar y no por los británicos. La interpretación volvía, pues, a los carriles habituales: leer los hechos externos como manifestaciones de conflictos internos. Sin embargo, los "chicos", tal como lo habían sido en Malvinas, operaban como una bisagra que articulaba (ahora conflictivamente) al sector militar aún en el gobierno, con la población civil. Qué se hizo "con ellos" y "de ellos" mostró de qué modo civiles y militares estaban dispuestos a reconocer a Malvinas como parte de su propia historia.

En general, la política concerniente a los ex soldados no fue demasiado publicitada, lo cual respondía a cómo las Fuerzas Armadas caracterizaban la derrota y la situación general. Si la suerte política de la cúpula castrense a cargo del Estado había sido atada a la suerte militar en el Atlántico Sur, la derrota bélica fue también su derrota política. Advertida estaba de su extrema impopularidad, evidenciada el 30 de marzo y, tras un interregno de 74 días, desde la rendición. Ante el riesgo de que el regreso de las tropas alentara escenas públicas de repudio como las del 14 de junio, el gobierno intentó que el hecho pasara lo más inadvertido posible. Aún hoy los ex soldados y los cuadros militares recuerdan ese regreso como infamante, "por la noche" y "por la puerta de atrás".

Paralelamente, sin embargo, durante toda la primera etapa las Fuerzas Armadas desplegaron su extensa y compleja infraestructura hospitalaria nacional para asistir a los recién llegados. En cada unidad castrense se creó la Oficina de Malvinas para hacer el seguimiento del personal afectado, asignar beneficios y evaluar méritos o faltas de conducta militar. Con los ex soldados como principales destinatarios, el Estado Mayor Conjunto creó en la Capital Federal la Casa del Veterano de Guerra, conducida por un alto oficial de cada fuerza —ejército, marina y aeronáutica— y asistida por la Liga de Amas de Casa, una asociación de mujeres de alta posición social que ya desde el conflicto venían oficiando de madrinas y protectoras de los soldados. Para el contralmirante Carlos Busser, uno de sus directores y jefe del operativo de desembarco en Port Stanley el 2 de abril de 1982, "la Casa del Veterano se creó para dar soporte a los veteranos, para ayudarlos en su reinserción en la sociedad". Aunque el término "veterano" se empleaba indistintamente para cuadros y conscriptos, la Casa estaba destinada fundamentalmente a los soldados, ya que la estructura castrense aseguraba la "reinserción" natural de los suboficiales y los oficiales. La Casa actuaba como bolsa de trabajo, hospedaje de ex soldados del interior que se atendían o hacían trámites en Buenos Aires, pero especialmente como ámbito de encuentro, por un lado, para recrear el espíritu de camaradería entre militares y ex soldados, habida cuenta de las eventuales rupturas de la jerarquía en el campo de batalla por abusos de autoridad y actos de cobardía de los superiores. Por otro lado, servía para construir un marco explicativo de Malvinas y su desenlace, en un contexto social que denostaba la "gesta patriótica". Esta camaradería se daría en el marco de una "Casa", creando una familia adoptiva y patriarcal encabezada por los oficiales y las "amas de casa"; los ex conscriptos ocuparían el lugar de hijos menores, como en las islas, el de subalternos. En las reuniones formales e informales de la Casa, los ex soldados serían guiados para dar un "sentido constructivo" a "la gesta", evitando caer presa de "versiones disolventes" y "derrotistas". De allí saldrían a la sociedad, vendiendo calcomanías alusivas y bolsas de residuos, con un discurso de afirmación de su experiencia y de la justa causa de soberanía que los había llevado a una guerra que los demás civiles jamás entenderían.

La población también se abocó a la asistencia de los ex soldados pero no sólo en carácter de familiares o vecinos sino, fundamentalmente, en el de civiles. Frecuentemente se erigieron en sus representantes y voceros pues, pese a haber combatido en un escenario internacional con sofisticado armamento, seguían siendo menores de edad o, en estricto lenguaje jurídico, "incapaces"; no habían alcanzado los 21 años. Para los civiles, los jóvenes debían ser reinsertados en la sociedad y reincorporados a sus familias y a la vida que llevaban antes de la guerra, entendiendo de hecho (y de repente) que Malvinas había sido una profunda fractura, no una sólida continuidad. Los ex soldados, además de la derrota, eran la corporización de una brecha; los jóvenes habían estado en el infierno, habían adelgazado unos cuantos kilos y su expresión estaba atravesada por la perplejidad y el horror (es decir, por la guerra). Estas "evidencias" le confirmaron a los civiles, y especialmente a sus familiares directos, que Malvinas había sido un tiempo extraordinario y un territorio tremendo y lejano, traducido en una distancia social y nacional irremontable entre la sociedad y el Estado/régimen ("mataste a los muchachos"). La ausencia de una política oficial para la posguerra, sumada a la decepción, el desentendimiento masivo[3] y el silencio, expresión de la per-

---

[3] En los relatos sobre sus regresos, ex conscriptos y militares profesionales recuerdan indefectiblemente su sorpresa

plejidad civil, sobre lo ocurrido, contribuyeron a dejar a los ex soldados en un lugar indefinido de "chicos" e "incapaces",[4] sin una respuesta orgánica por parte de los adultos que se hicieran cargo de ellos. Así, si la Casa del Veterano pretendía ser la respuesta militar, algunos adultos encarnaron la tutoría civil, pero en general por cuenta propia y asumiendo importantes riesgos en un régimen todavía militar.

La representación de los adultos era imprescindible para trámites burocráticos, decisiones de tratamiento médico y, muy especialmente, para gestionar indemnizaciones por daños físicos y psíquicos, de las que un menor de edad no podía disponer hasta cumplir los 21 años. Este rol estaba destinado a los padres biológicos de los jóvenes, y eventualmente a los hermanos mayores. Pero para quienes procedían de pequeñas localidades de los interiores provinciales o de sectores humildes que no podían costearse el viaje a las grandes ciudades y, en particular, a la Capital, la necesidad de un "tutor" era perentoria. Estos "tutores" salieron a la escena pública a través de airadas críticas que se difundían en las cartas a los diarios.

---

y decepción cuando observaban a la población pendiente de los avatares de la Argentina en el Mundial de Fútbol '82, torneo en el cual, además, la Argentina tuvo una pésima performance.

[4] Éstas fueron muy importantes razones para que los soldados ya dados de baja comenzaran a formar "centros" de ex soldados, en todo el territorio argentino.

La hermana mayor de un ex soldado deploraba la postergada atención de su hermano, pues "antes que nosotros, civiles, eran otros los atendidos". Inmediatamente, recordaba que:

> El 2 de abril no fue así: él, que era un simple estudiante, fue llamado en primer lugar a defender en primera línea nuestra soberanía con su fusil MAG. Ahora, después de toda su valentía, pasa a ser el último, perdiendo, tanto él como yo, horas de trabajo. Neli Marinistián de Sosa. Capital Federal (*Clarín*, 31/3/83).

La invocación al pasado y su acepción como ruptura se suscitaban en la reciprocidad no correspondida por el Estado de las Fuerzas Armadas para con la sociedad civil que lo había apoyado entregando a los conscriptos.[5] Esta falta implicaba el olvido y/o incapacidad de asumir las obligaciones, lo cual era encubierto a través de la demonización "subversiva".

Pese a que asistían desinteresadamente a los ex soldados, los tutores debían justificar su cooperación repitiendo que no perseguían fines "políticos"

---

[5] Uno de los *spots* publicitarios oficiales preferidos durante los primeros años del Proceso era una voz en *off* que preguntaba a dos adultos: "¿Usted sabe con quién está su hijo?". Desde la televisión se recomendaba que los padres controlaran las compañías de sus hijos, es decir, que no cayeran en círculos de subversión. Si para el aparato de propaganda del gobierno sólo los padres podían y debían velar por la seguridad física y mental de sus hijos, era lógico inferir que en 1982 éstos se hallarían en buenas manos, y era lógico concluir que cuando los padres entregaban a sus hijos a las Fuerzas Armadas lo hacían con la decisión y el cuidado sugeridos en aquella propaganda de televisión.

(o "subversivos") sino altruistas y caritativos para con sus compatriotas.

En otra carta, la señora Nélida Oviedo de Díaz explicaba que a uno de sus "protegidos" se le habían recetado anteojos en el Hospital Militar de Campo de Mayo. Pero sólo pudo obtenerlos recurriendo a sus "escasos recursos". Todas las gestiones en Campo de Mayo "fueron inútiles".

> Es lamentable que esto suceda con quienes estuvieron setenta y tres días en Malvinas defendiendo a la Patria. Quienes dieron todo por ella hoy están olvidados (Nélida Oviedo, *Clarín*, 3/9/83).

Finalizaba dando su domicilio para recibir ofertas de empleo "ya que varios que se albergan en mi casa necesitan trabajar" (ibíd.). En su consultorio de cosmetóloga, esta correntina alojó sucesivamente a cuarenta ex soldados provenientes de Corrientes y Chaco en busca de trabajo, atención médica y vivienda (*Clarín*, 8/9/83).

> Hago esto porque quiero que haya justicia para los ex combatientes. [...] Que quede claro que no respondo a ninguna organización y no tengo otro interés más que ayudar a mis coterráneos, y para lograr que se les haga justicia a todos los chicos. Es una tarea que hago sola, con el apoyo de algunos vecinos y comerciantes (*Clarín*, 8/9/83).

Oviedo afirmaba su deseo de una justicia igualitaria para con "todos los chicos". Su justificación defensiva tenía un poderoso motivo: responder públicamente a las llamadas telefónicas intimidatorias y visitas de militares o policías instándola a que "abandone la actividad que está desarrollando".

Un supuesto capitán del Ejército se presentó para advertirle: "Señora, usted por ahora salió en las páginas blancas de los diarios, pero si por casualidad se encuentran drogas en su casa saldrá en las páginas negras" (ibíd.).

La caída de autoridad del régimen y de todo cuanto evocara lo militar era la contracara del abandono de los jóvenes y el hostigamiento a los civiles. Por eso, en otra carta un "tutor" explicaba, primero, que estaba movido por la sola "intención de colaborar con dos chicos excombatientes que permanecen internados en el hospital de Campo de Mayo", y segundo, que estos "chicos" no podrían disponer del adelanto de indemnización por heridas de guerra, debido a su minoría de edad. Siendo "huérfanos o de hogares mal constituidos (o destruidos, como se los quiera llamar)", Novoa argumentaba que:

> Si son mayores para ir a la guerra, ¿podemos considerarlos menores para adquirir un inmueble o para llegarse hasta un banco a poner unos pesitos a plazo fijo? Todos ellos han adquirido la mayoría de edad ante la Nación entera. Dejaron de ser chicos. Son hombres. Julio L. Novoa. San Justo. Provincia de Buenos Aires (*Clarín*, 15/1/83).

Implícita o explícitamente, como en esta carta, el antagonismo con el Estado se planteaba en términos de su incapacidad de obrar como un verdadero jefe de familia y padre de los argentinos, rol que la

Junta había adoptado durante el conflicto. La "entrega" de los hijos al Estado para el ejercicio de la guerra, y de bienes y fondos para su financiación, no eran, como vimos, hechos circunstanciales o mecánicos sino decisiones profundas y entrañables que se tomaban más allá de la postura político-ideológica de los donantes. Pero el día de la rendición ese tono cambió de manera dramática, aunque extrañamente ese cambio no defenestró al padre sino que proclamó su degradación: "Galtieri, borracho, mataste a los muchachos" (*Clarín*, 15/6/82; archivo Urioste, 1982). El general era un padre irresponsable entregado a la bebida, que había descuidado a sus hijos o incluso les había dado muerte.

Las anécdotas repetidas en la posguerra sobre la venta privada de golosinas destinadas a soldados, y el hambre en el frente mientras los depósitos de Puerto Argentino rebosaban de comida, ratificaban esta imagen de irresponsabilidad y justificaban la apariencia demacrada de los jóvenes a su regreso. Y así como la autoridad militar había caído a los ojos civiles, la línea de filiación presidente-argentinos se había quebrado o, mejor dicho, bifurcado; el Estado Mayor por su lado, y los civiles adultos por el otro, intentaban restituir el vínculo vertical de la filiación en la sociedad argentina, emblematizada en los ex soldados como menores subalternos en un caso, y como hijos en el otro. Por eso estos jóvenes recibieron la denominación de "chicos de la guerra", que se consolidó con la edición homónima del libro de un también joven periodista, Daniel Kon (1982), y de una película de Bebe Kamin inspirada libremente en el volumen. Con esta designación, que perdura hasta hoy, no sólo eran regresados a su minoridad pre bélica o bélica, sino que eran convertidos en las víctimas de sus superiores –no del enemigo británico– precisamente por los abusos de autoridad, las privaciones impuestas y la deficiente capacitación para afrontar un enemigo de tamaña envergadura.

El eje a partir del cual los civiles interpretaban lo ocurrido en Malvinas –y por lo tanto el punto nodal de su crítica a las Fuerzas Armadas– era la fractura de la conexión filial que, en el campo de batalla, debió haber encabezado el personal militar profesional. Metáfora de esta ruptura eran las anécdotas sobre la interrupción de los canales de comunicación y abastecimiento entre el continente y las islas (los chocolates no llegaban), y dentro de las islas (los depósitos llenos y el frente desprovisto).[6]

---

[6] Esta interpretación fue congruente con la campaña política que encaró la Fuerza Aérea en sus múltiples publicaciones y conferencias, para salvar su imagen del naufragio militar malvinense. En toda ocasión, los aeronáuticos destacaron, primero, que los "transporteros" unieron Patagonia e islas durante todo el conflicto con sus C-130 y KC-130, los Hércules o "chanchas" que portaban enseres, personal, heridos, cartas y remesas; segundo, que sus intrépidos aviadores desafiaban la tecnología británica y el recio clima sudatlántico, en acciones en las que sólo participaban sus diestros oficiales, y por último, que la Fuerza Aérea Argentina siempre destacó, y era cierto por su forma de combate, que los conscriptos eran una minoría en sus filas; en el Ejército oscilaban entre el 60'% y el 70'%; en la infantería de marina los soldados integraban el 70'%, pero en una nave como el Crucero General Belgrano eran el 37,32'%. Los porcentajes de soldados en cada fuerza y rama se confirman en los porcentajes de conscriptos muertos: el 74,19'% del Ejército; el 42,38'% de la

Estas interrupciones no se atribuían a las operaciones de la Royal Task Force sino a la mezquindad, cobardía y deficiente conducción argentina. Por eso, las tres preguntas que los civiles le hicieron a los "chicos" y que los "chicos" escucharon hasta el hartazgo fueron "¿mataste?", "¿tuviste hambre?", "¿tuviste frío?", evidenciaban más la actitud de un adulto con respecto a un niño que la inquietud por una experiencia que había endurecido y conmovido a aquellos muchachos, pero que ciertamente no los había convertido en "chicos" ni, mucho menos, les permitiría el regreso a esa condición. En todo caso, los ahora "ex soldados" eran los únicos civiles que habían combatido junto a las fuerzas armadas y, por lo tanto, los únicos testigos de su desempeño en una guerra regular. Pero ¿de qué serviría ese saber?

Felices Pascuas[7]

"Malvinas" se había convertido en un pésimo recuerdo con peor legado tanto para el nuevo gobierno militar que a los pocos días reemplazó a la Junta, como para su sucesor democrático. Quien ocupara el gobierno desde el 10 de diciembre de 1983 debería vérselas con relaciones diplomáticas rotas con Gran Bretaña y el Commonwealth, seria-

---

Armada; el 30% del Crucero General Belgrano; el 9,09% de la Fuerza Aérea.

[7] Un análisis del proceso de ritualización que tuvo lugar en este episodio se encuentra en Guber (2000d).

mente dañadas con los Estados Unidos y difíciles con Europa occidental, además de una economía inflacionaria (180% en los precios mayoristas),[8] la presión para llevar a juicio a los militares que hubieran cometido delitos de lesa humanidad (entre 10 mil y 30 mil ciudadanos argentinos y extranjeros desaparecidos, además de numerosos bebés nacidos en cautiverio y entregados clandestinamente a familias adoptivas), la fractura en la cadena de mandos de las Fuerzas Armadas y una profunda grieta entre las fuerzas. Malvinas había derivado en serios actos de indisciplina que solían dirimirse con la baja y/o traslado de los elementos conflictivos, actos frecuentemente motivados en ajustes de cuentas por abusos de autoridad en las islas, y por las diferencias —celos, incomprensión, estrés postraumático, etc.— entre los ahora veteranos de guerra y los militares "de escritorio" que no habían combatido.

Esta diferencia alcanzó estado público en 1987, pero no a causa de Malvinas sino de la "guerra sucia". Así llamaba el personal castrense a la "lucha contra el terrorismo" que, iniciada en 1974 bajo el gobierno justicialista se consolidó en el Proceso como manera de "combatir a la subversión con sus mismas armas": la sorpresa y la clandestinidad. La retirada de las Fuerzas Armadas del Poder Ejecutivo en 1983 dio lugar a un sinnúmero de presenta-

---

[8] Para los precios al consumidor, la tasa anual de inflación había sido, para el mismo período (diciembre 1980-diciembre 1981) de 131,3'% (INDEC, en Jozami, 1985, p. 187).

ciones judiciales sobre casos que el gobierno electo del radical Raúl Alfonsín había reunido en un informe elaborado por una comisión (CONADEP) formada por religiosos e intelectuales de "intachable trayectoria democrática" y publicado en un libro, *Nunca más* (1984). Las presentaciones que habían abonado el juicio a los comandantes de las tres primeras juntas del Proceso, y que culminaron con sentencias perpetuas o prolongadas a reclusión, incomodaban seriamente al nuevo gobierno y a una democracia lejana, aún, de su afianzamiento institucional. Suponiendo que una limitación de los juicios a oficiales y suboficiales involucrados en torturas, robos, asesinatos y desapariciones de adultos y niños pondría fin a las tensiones cívico-militares y cerraría de una vez aquella amarga etapa, el Poder Ejecutivo lanzó la ley de punto final dando un plazo a la presentación de las causas. Sin embargo, los querellantes encontraron la manera de implicar judicialmente a, por lo menos, 130 oficiales que serían convocados por la Justicia para prestar declaración (López, 1988, p. 65; Acuña y Smulovitz, 1995).[9] Una reacción negativa de los oficiales

---

[9] Según el compromiso inicial entre el gobierno y los comandantes militares, los juicios seguirían su curso, cualesquiera fueran los rangos afectados; una vez impartidas, las sentencias serían sometidas a una "solución política" (López, 1988; López, 1987). Esta solución no conformaba a los oficiales medios y subalternos quienes, tras la condena por los mismos delitos a los miembros de las tres juntas militares del Proceso (en diciembre de 1985) veían descender por las jerarquías acusaciones y comparecencias. Según los oficiales, mantener la autoridad en los cuarteles era incompatible con

a someterse a los Tribunales desencadenó entre el 15 y el 19 de abril "la rebelión de Semana Santa", por coincidir con la Pascua de 1987.

La rebelión, que comenzó con la resistencia de un oficial del Ejército con alto protagonismo en las acciones juzgadas, fue involucrando a los inculpados, a los camaradas de promoción y a las unidades militares que les daban refugio, y alcanzó su apoteosis cuando se sumaron los oficiales cursantes de la Escuela Superior de Guerra de Campo de Mayo, pertenecientes en su mayoría a la especialidad de "comandos". Los nuevos rebeldes reiteraron que "el generalato" que comandaba la fuerza los había "regalado" a la Justicia civil, sumiendo a la fuerza en el deshonor. Para devolver la "dignidad", afirmaban, era necesaria una solución política al hecho también político de "la guerra contra la subversión" (*Clarín*, 18/04/87). Este sector, altamente calificado y legitimado en la fuerza, se puso rápidamente bajo el mando del teniente coronel Aldo Rico, quien conducía un regimiento en Misiones y se desplazó en un par de días, sin que nadie lo advirtiera, a Campo de Mayo.

Desde entonces, el conflicto fue en un *in crescendo* que se localizó en dos escenarios: los oficiales medios y subalternos que hacían sus apariciones custodiando las puertas de acceso al área, con sus

---

las acusaciones delictivas impartidas por la Justicia Civil. La cadena de mandos no resistía la erosión judicial de la oficialidad, motor pensante de la institución que, sin los generales, quedaba huérfana en una verticalidad ya inútil (Pion-Berlin y López, 1992).

caras tiznadas para el combate, razón por la cual fueron ridiculizados por el periodismo con el apodo de "carapintadas", y la población civil diseminada en los alrededores, y aglutinada en las plazas capitalinas políticamente más significativas, como la de los Dos Congresos, el Viernes Santo, y la Plaza de Mayo, el Sábado de Gloria y el Domingo de Resurrección.

La presencia de la gente en la calle obedecía a la estrategia oficial de convocar a la movilización pública "para defender la democracia", pero también a la inquietud que suscitaban los planteos militares y sus consabidos efectos en la vida de los argentinos. Mientras el viernes en el Congreso el presidente afirmaba que no haría concesiones a los rebeldes, ni cedería ante sus presiones y demandas extorsivas pues "la democracia de los argentinos no se negocia" (*Clarín*, 18/04/1987), el Parlamento y la plaza adyacente se poblaban con unas 400 mil personas del más variado origen, afiliación y actividad. Por los pasillos del Congreso circulaban políticos, sindicalistas y artistas, como el músico de tango Héctor Stampone y el metalúrgico Lorenzo Miguel, la cantante de origen comunista Mercedes Sosa y el lucifuercista Oscar Lezcano; el músico de rock nacional Nito Mestre y la vedette Moria Casán; el dirigente de la Sociedad Rural Guillermo Alchourón y el socialista Luis Zamora; el dirigente de los industriales Gilberto Montagna (Unión Industrial Argentina) y el de la otrora combativa (o subversiva) Juventud Peronista, preso durante el Proceso, Juan C. D. Gullo, entre muchísimos otros. En la plaza el apoyo era tan masivo como la euforia.

> Habla Alfonsín y lo aplauden catorce veces. Pasan los excombatientes de Malvinas, con Héctor Beiroa a la cabeza, y son palmeados por la gente que les tira buenas ondas ya que llevan un cartel de apoyo a la democracia (Leuco, en *Clarín*, 18/04/87).

El clima se replicaba en las principales ciudades del país.

Esta veloz reacción, sin embargo, no suspendió el conflicto sino que tendió a polarizarlo sin que los rebeldes aceptaran otro mediador que el presidente, nominalmente el Comandante en Jefe de las Fuerzas Armadas bajo un régimen democrático (Simeoni y Allegri, 1991, p. 108). De este modo, los sublevados intentaban obtener el compromiso personal de Alfonsín en atención a sus demandas, principalmente la suspensión de los juicios. De lo contrario, el conflicto se dilataría amenazando con extenderse a otras unidades y fuerzas, menguando a la vista de todos el poder presidencial y del partido en el gobierno.

Procediendo a dar una solución inmediata, Alfonsín se dirigió el domingo a la multitud congregada en la Plaza de Mayo desde un balcón de la Casa Rosada.

> Ustedes y yo, todos en la Argentina, saben lo que estamos arriesgando, que es mucho más que un absurdo golpe de Estado: estamos arriesgando el futuro nuestro y el futuro de nuestros hijos. Estamos arriesgando sangre derramada entre hermanos y es por eso que antes de proceder he resuelto y he tomado una decisión: dentro de unos minutos saldré personalmente a Campo de Mayo a intimar la rendición de los sediciosos. Les pido a todos que me esperen acá y si Dios

quiere, si nos acompaña a todos los argentinos, dentro de un rato vendré con las soluciones, dentro de un rato vendré con la noticia de que cada uno de nosotros podemos volver a nuestros hogares para darle un beso a nuestros hijos y decirles que les estamos asegurando la libertad para todos los tiempos (*Clarín*, 20/4/87).

La multitud coreó el Himno Nacional Argentino. Ateneos radicales, unidades básicas justicialistas, organizaciones de derechos humanos, docentes, trabajadores, artistas y familias vieron levantar vuelo al helicóptero presidencial (Simeoni y Allegri, 1991, p. 108). Por tierra algunos dirigentes políticos radicales y peronistas salieron a la carrera para Campo de Mayo. El Partido Comunista, el Movimiento al Socialismo ("Atención, atención, nos vamos de la plaza contra la negociación") y las Madres de Plaza de Mayo se retiraron ni bien culminó el discurso, en repudio a un eventual acuerdo (*Clarín*, 20/04/87).

La multitud y la mayoría de los políticos quedaron a la espera. A las 17 hs y por quince minutos —según las crónicas— conversaron el comandante de las Fuerzas Armadas y el teniente coronel Rico quien, tras desprenderse de su correaje, pistola y cuchillo de combate, se presentó a Alfonsín llamándolo "mi comandante" (Simeoni y Allegri, 1991, p. 110). Después de la conversación, de contenido secreto, el presidente regresó a la Casa Rosada, salió al balcón y levantó su brazo para pedir silencio. Ante el público ansioso saludó:

> Compatriotas. Felices Pascuas. Los hombres amotinados han depuesto su actitud. Como corresponde serán detenidos y sometidos a la Justicia. Se trata de un conjunto de hombres, algunos de ellos héroes de la guerra de las Malvinas, que tomaron esta posición equivocada y que reiteraron que su intención no era provocar un golpe de Estado. [...]. Para evitar derramamiento de sangre he dado instrucciones a los mandos del Ejército para que no se procediera a la represión y hoy podemos todos dar gracias a Dios, la casa está en orden y no hay sangre en la Argentina (*Clarín*, 20/4/87).

Por último, el presidente pidió la desconcentración en orden, y el regreso "a sus casas a besar a sus hijos, a celebrar las Pascuas en paz en la Argentina". Por enésima vez se entonó el Himno Nacional Argentino, y la multitud desapareció dejando la plaza vacía.

La alusión a Malvinas significó la irrupción de un pasado que, en tal coyuntura y de parte de semejante personalidad, era por lo menos llamativa. Antes de convertirse en candidato presidencial por la Unión Cívica Radical en 1983, y cuando todavía conducía la corriente interna "Renovación y Cambio", Alfonsín se diferenció de los demás jefes partidarios que asistieron a Puerto Argentino a la asunción del gobernador, al denostar la iniciativa militar como una "aventura irresponsable". Sin embargo, también alcanzó a declarar que "la opinión democrática internacional no debe confundir el juicio crítico que merece la gestión del gobierno con la justicia de un reclamo que une a todo el pueblo del país". La recuperación no era propiedad de "un gobierno autocrático —al que estamos comprometidos a enfrentar hasta lograr la democratización— sino que se inserta en históricas reivindicaciones anheladas por generaciones de argentinos" (*Clarín*, 14/4/82). Durante su campaña electoral Alfonsín prácticamente no se refirió al tema, dando prioridad a la defensa de "la vida", "la ética" y la "Constitución Nacional" y prometiendo llevar a la Justicia a los acusados de violaciones a los derechos humanos.

Dado que los rebeldes de Semana Santa no reclamaban por Malvinas sino precisamente por estos juicios, la referencia de Alfonsín al conflicto anglo-argentino para destacar nada menos que como "heroica" la actuación en 1982 de aquellos que ahora desafiaban su subordinación al Estado nacional, dejó perpleja, una vez más, a la población.

Los analistas políticos, la prensa y, por supuesto, la población se abocaron a ensayar respuestas a la pregunta de qué había sucedido en Campo de Mayo y qué se había negociado con respecto a los juicios. Mientras que la pregunta ¿por qué "héroes" y por qué "Malvinas"? se respondía desde la sorpresa ante una concesión un tanto exótica tomada al calor de la jornada. El supuesto que ganó consenso fue que, al ceder a los reclamos de los rebeldes, Alfonsín también aceptó la imposición de presentarlos ante la sociedad del modo que lo hizo, esto es, llamándolos héroes. Sin embargo, hay otras interpretaciones posibles que parecen ajustarse mejor a los datos existentes.

En primer lugar, para sustentar sus palabras, Alfonsín se apoyaba en el hecho, hasta entonces sólo conocido en el mundo militar, y particularmente en el Ejército, de que el entonces mayor Rico, jefe de la Compañía de Comandos 602 creada durante el conflicto a instancias de él mismo, había tenido un buen desempeño en las islas, realizando tareas de espionaje y sabotaje detrás de las líneas británicas.

En segundo lugar, y según la reconstrucción de los hechos del mismo Alfonsín en una entrevista periodística, "aquella expresión me fue inspirada por el capitán Breide Obeid" (Giussani, 1987, p. 265), quien una vez terminada la entrevista con Rico se acercó al presidente para comunicarle bajo una intensa emoción que la guerra antisubversiva y la del Atlántico Sur habían sido incorrectamente comandadas y que ambas habían resultado en un desastre moral para sus cuadros.

> Nos llevaron a la guerra de las Malvinas en pésimas condiciones materiales y sin planeamiento adecuado. Después de aguantar el frío, los bombarderos y la prisión inglesa, fuimos traídos de vuelta escondidos como si fuéramos delincuentes [...]. El muchacho [...] habló con voz temblorosa y tenía lágrimas en los ojos cuando se despidió de mí. Debo reconocer que su actitud me conmovió (ibíd., p. 263).

Con el discurso de cierre "me estaba refiriendo a él y a los muchos otros Breide que debe de haber involucrados en todo este drama" (ibíd., p. 265). Otras reconstrucciones posteriores coinciden con esta versión (Simeoni y Allegri, 1991).

En tercer lugar, quizás el argumento más contundente sea que la participación en Malvinas no implicaba por entonces, y todavía, un orgullo militar ni mucho menos una prenda de unidad castrense, lo cual contrastaba con un hecho que pasó inadvertido, por esto mismo, en la mayoría de los análisis y durante aquellos cuatro días. Malvinas fue, en efecto, el prólogo de Semana Santa. Acercándose el 2 de abril de 1987, un periodista del diario *La Prensa* convocó a una caravana a Campo de Mayo para prestar apoyo a los miembros de la tercera junta allí recluidos. Luego, en la misa por los caídos del 2 de abril, el vicario castrense echó dudas sobre la moral del gobierno, aludiendo tácitamente a la política sobre los juicios a militares. El sermón provocó la reacción inmediata del presidente Alfonsín quien lanzó, desde el púlpito, una encendida réplica en defensa de su gestión y de la Justicia como poder independiente de la República.

Ahora bien: si ninguno de estos episodios fue recordado por quienes se alzaron el 16 de abril fue porque la caravana a Campo de Mayo había exaltado a los "comandantes", los "generales de la derrota". Estas expresiones podían leerse como parte de la fractura que venía dividiendo, desde la rendición, a oficiales y suboficiales, a oficiales y generales, a comandantes que no participaron en el campo de batalla, y por eso carecían de la verdadera magnitud del conflicto, y militares que sí habían participado; a quienes, se decía, habían "traicionado" sin dar batalla y descuidado a sus subalternos, y a los que habían permanecido junto a la tropa bajo el mismo fuego, en sus tiendas y con su misma comida. Si bien desde la perspectiva militar, a cuyo cargo había estado la planificación, el lanzamiento, el desarrollo y la conclusión de las operaciones australes, había consenso respecto de que la Argentina había enfrentado entre 1975 y 1982 dos guerras, una interior y otra exterior, y que las dos causas eran igualmente justas —contra la "subversión marxista" y la "usurpación británica"—, ambas presentaban flancos criticables: los "métodos" de combate interno, las falencias tácticas y estratégicas en las islas. Sin embargo, la derrota de Malvinas revelaba una responsabilidad exclusivamente militar.

Aunque los rebeldes no parecían preocupados por las sentencias a los ex comandantes de las tres primeras Juntas del Proceso, sólo la guerra antisubversiva era prenda de unidad entre fuerzas, armas y rangos: había resultado en una "victoria" y, hasta los juicios, no los había dividido internamente salvo en las máximas jerarquías. La guerra de Malvinas, en cambio, no podía reivindicarse sin aceptar los errores y la necesidad de purgar las propias filas.

Hasta 1987 la política de Alfonsín había enterrado a Malvinas como un episodio vergonzante, un significado bastante afin al que sustentaban los militares. Mas cuando el presidente se comprometía a llevar a los violadores de derechos humanos ante la Justicia, ratificaba, por antagonismo, la unidad castrense. Según el primer mandatario, la guerra internacional se recordaba como una vergüenza; de hecho la única guerra que rebeldes y presidente reconocían, aunque con signos opuestos, era la guerra contra la subversión-guerra sucia-terrorismo de Estado. El encuentro con Breide Obeid en Campo de Mayo habría inspirado a Alfonsín a rescatar el único punto de articulación posible con los sublevados a quienes la opinión pública denostaba en la Puerta 6 de la guarnición militar, y en la Plaza de Mayo: su reintegración moral a la sociedad sólo podría hacerse a través de la "recuperación de la Nación", ahora nuevamente dividida. Siguiendo los viejos moldes, Malvinas regresaba como la única imagen de una pertenencia común, superando las oposiciones que, surgidas en esa Semana Santa, databan de tanto tiempo y evocaban tanta (dura) experiencia. El único techo capaz de cobijar a todos era el hogar de la Patria y la investidura presidencial misma sería el padre que restituiría a los rebeldes a un lugar en esta casa. En efecto, la etapa conclusiva del "fin de semana largo" estaba repleta de alusiones a la paternidad; por ejemplo, después que Rico se presentó y pidió su permiso para exponer, Alfonsín le respondió "adelante"; cuando Breide terminó de hablarle, Alfonsín lo palmeó en la espalda y le dijo un comprensivo "lo sé, hijo, lo sé" (Simeoni y Allegri, 1991, p. 112); en su aparición final, el presidente saludó a la población con un "Felices Pascuas", y como padre de la gran familia argentina celebró que no hubiera derramamiento de sangre entre hermanos; él, como jefe del hogar y de las Fuerzas Armadas, lo había impedido.

Como en 1982, la recuperación de la Nación le pareció a Alfonsín la única prenda de unidad "presentable" a la sociedad para salir del levantamiento. Pero al hacerlo desconoció, primero, la imposible coexistencia bajo un mismo techo de los hijos uniformados rebeldes y de las Madres, quienes efectivamente abandonaron la Plaza cuando sospecharon una concesión presidencial, y segundo, también desconoció que la población sabía del desempeño general de las Fuerzas Armadas en 1982; las islas se habían perdido y la corrupción del frente militar bajo la conducción de un "padre borracho" había sido la responsable. ¿Cómo convertir, repentinamente, a esos militares en héroes justamente cuando el punto de conflicto eran crímenes de lesa humanidad? Por eso las palabras de Alfonsín encerraban dos dilemas de difícil superación: uno era cómo someter a juicio por tortura, desaparición y muerte de otros argentinos a estos héroes de la Nación; el otro era calificar de "héroes" a los rebeldes uniformados, sin aludir a los civiles que también habían participado en el teatro de operaciones y que ahora respaldaban la democracia: los "ex combatientes". Sus palabras de cierre, con las que de hecho abrió el espacio para una nueva identidad política, asentaban en Malvinas las bases de la legitimidad militar; Alfonsín devolvió a la "recuperación" su carácter de gesta militar, reiterando que a la Nación se la había defendido desde los cuarteles y los pozos de zorro de Malvinas, no tanto o no solamente en las calles y en las plazas. El debate acerca de qué se negoció en Campo de Mayo ratificó, coherentemente, que la Argentina había sido nuevamente fracturada.

Como era previsible, entonces, Malvinas regresó después de aquella Semana Santa de la mano de

Rico, primero, y luego de Muhammed Alí Seineldín, quien fuera a Malvinas como teniente coronel a cargo del Regimiento de Infantería 25, con una de sus sedes en el aeropuerto de Puerto Argentino. También apreciado por su desempeño, y reconocido por sus camaradas y su tropa como una figura de fuerte carisma, Seineldín se convirtió en el jefe de dos sublevaciones, una en diciembre de 1988, todavía bajo la presidencia de Alfonsín, y otra en diciembre de 1990, bajo la de Carlos Menem, tras lo cual fue preso junto a algunos de sus camaradas. Naturalmente, y en el mismo campo de argumentación ofrecido desde los balcones de la Casa Rosada el 19 de abril de 1987, Rico y Seineldín tomaron para sí la causa de Malvinas y la convirtieron en un estandarte de los "verdaderos soldados de la Patria" opuestos a los "generales de escritorio", y también como el símbolo de una política "genuinamente argentina" contra la antipatria y el "entreguismo". Sin embargo, la prisión de Seineldín y las decisiones políticas de Rico que contribuyeron a debilitar su partido Movimiento por la Dignidad Nacional (MODIN), con el cual logró un exitoso desempeño electoral entre 1989 y 1995 en Buenos Aires, dejarían a estos dos dirigentes despojados de sus bases y de proyección política.

En suma, Malvinas tuvo mucho que ver con el rumbo de la democracia y también con la resolución oficial de la cuestión de los juicios por violaciones a los derechos humanos, mostrando una vez más que sólo la invocación a la Nación, a través de Malvinas, podía dar la ilusión de una re-unión de todos los argentinos. En verdad, Malvinas emergió al anochecer de aquel Domingo de Pascua del mismo modo que en la mañana del 2 de abril de 1982: repentinamente, como un último recurso, casi un "tic" político o una marca de la historia.

Los nombres

La política malvinera del sucesor de Alfonsín fue distinta. Habiendo utilizado ese emblema como una causa nacional y popular para su campaña electoral, y ya al día siguiente de su asunción, Menem incluyó en el desfile del 9 de Julio a los veteranos de guerra, que aparecieron en las portadas de todos los diarios marchando incluso con muletas y en silla de ruedas. Sin embargo, este gesto contradecía la política del ministro de Relaciones Exteriores, quien con intensas negociaciones buscaba reestablecer relaciones con Gran Bretaña dejando de lado bajo un "paraguas diplomático" las tratativas sobre el archipiélago. Esta política suspendía todo reclamo de soberanía en pos de una rearticulación con Europa Occidental y el Commonwealth, la reapertura de la embajada británica en Buenos Aires, y sobre todo la llegada de inversores de origen inglés. Estas medidas fueron acompañadas por una transición plagada de ambigüedades en la política militar. Si durante su campaña Menem había convenido con algunos dirigentes "carapintadas" una reestructuración del mando del Ejército, progresivamente fue dando lugar a la marginación de este autodenominado "ejército paralelo", mientras en la exclusiva órbita presidencial decidía el indulto a los comandantes de las tres juntas (diciembre de 1990).

El año 1990 fue, efectivamente, un año de transición con señales políticas diversas y contradictorias. Una de esas señales se expresó en la mañana del domingo 24 de junio, cuando a pocas horas de la semifinal con Brasil por la Copa Mundial de Fútbol, los porteños amanecieron con un nuevo monumento en el corazón de la ciudad. Al pie de la barranca de la plaza San Martín el presidente inauguraba un muro de mármol rosado opaco de dos metros de alto por 25 de largo exhibiendo 25 planchas de mármol negro brillante, cada una con 26 apellidos y nombres inscriptos en columna. Un zócalo al pie del muro dejaba pasar las luces para iluminar las placas, los nombres y los escudos de las 23 provincias argentinas, la ciudad de Buenos Aires y la República Argentina, grabados sobre su cara exterior. El mástil y una escarapela dibujada en la explanada frente a las placas completaban la simbología patriótica.

El cenotafio conocido como "Monumento a los Caídos en la Guerra de Malvinas e islas del Atlántico Sur", sin embargo, no llegó de repente sino tras arduos debates en los medios de prensa. Las posiciones en esos debates ponían de manifiesto la distancia recorrida desde 1982.

Una vez que los bloques partidarios aprobaron la ley propuesta en 1989 por diputados del partido gobernante, el justicialismo,[10] el Poder Ejecutivo Nacional creó una "Comisión Nacional para la erección del Monumento a los Caídos en la Guerra de Malvinas y el Atlántico Sur" (Decreto 1405/89). Esta comisión, encabezada por un arquitecto en nombre de la Municipalidad, y por un miembro del Instituto Bonaerense de Numismática y Antigüedades representando al Ministerio de Defensa y a las Fuerzas Armadas (*Somos*, 6/6/90), debería decidir su formato y su localización. Estas dos cuestiones, además de la rápida licitación de las empresas constructoras que llevarían a cabo la obra (*Gente*, 17/5/90) no gozaban, sin embargo, del mismo grado de consenso.

El principal punto de objeción, por su carácter manifiesto y público —pues la construcción misma estaba a la vista de todos—, fue el sitio del emplazamiento. Los voceros de la crítica fueron los vecinos de la plaza San Martín, una zona turística y residencial de clase media y alta, algunas asociaciones civiles y de profesionales —Amigos de la Plaza San Martín, Sociedad Central de Arquitectos, Asociación de Amigos de la Ciudad y técnicos de la Dirección de Paseos de la Municipalidad— y amplios sectores del periodismo liberal y del progresista.

García Vázquez, ex presidente de la Sociedad Argentina de Arquitectos, sintetizó esta posición afirmando "que nadie se opone a la iniciativa ofi-

---

[10] La Ley 23.761 fue aprobada el 7 de diciembre de 1989 y promulgada el 2 de enero de 1990.

cial que procura rendir homenaje a los caídos en la guerra de las Malvinas y del Atlántico Sur". Dado que casi todos los "caídos" yacían en suelo malvinense o en las profundidades oceánicas, se admitía la necesidad de disponer de un espacio simbólico donde sus familiares, camaradas y amigos pudieran realizar el duelo. Pero entonces el monumento debía observar un estricto tono funerario acorde a razones humanitarias, lejos de la exaltación patriótica y beligerante. Obviando cuestiones de formato, aún ignoradas porque la construcción estaba amurallada por paneles de madera y chapa, García Vázquez expuso así su crítica:

> Sí, estoy en desacuerdo con su ubicación y con la forma de este cenotafio. Es lógico [...] que una construcción de este tipo se levante en un lugar tranquilo, propicio a la meditación, al respeto y a la rememoración que merece todo homenaje.
> En lugar de la tranquilidad requerida, se coloca en uno de los sectores más conflictivos y contaminados de la ciudad. Es un área que reúne tres terminales ferroviarias, una gigantesca terminal de ómnibus y varias bocas de subterráneos. Además, es vecina al complejo de oficinas más trascendente de la ciudad [...] y es una importante zona hotelera. Todo esto genera un enorme tránsito vehicular y peatonal, donde la plaza San Martín representa un valiosísimo islote verde.
> Por otra parte, ¿es válido colocar el monumento a pocos metros de la Torre de los Ingleses, cuando nuestro gobierno ve con alborozo la reanudación de las relaciones con Gran Bretaña? Además, con esta obra se mancilla simbólica y físicamente la figura del Libertador, ya que la plaza que lleva su nombre está protegida por estrictas normas que procuran mantener su concepto de patrimonio histórico y urbano, lo que en

el presente caso ha sido tirado por la borda irrespetuosamente (*Clarín*, 21/5/90).

García Vázquez y la mayoría de los críticos objetaban cuatro cuestiones en la ubicación elegida por la Municipalidad, cuya jefatura dependía aún de la Presidencia de la Nación: la adecuación del sitio a un monumento funerario; razones de tipo paisajístico-ecológico, de política exterior e históricas.

"Retiro", vértice que articula el norte y el sur de la ciudad capital, es también la cabecera de varias líneas de transporte ferroviario, automotor y portuario, además de zona residencial, de oficinas y turismo. Por su excesiva exposición, el lugar elegido contradecía los requisitos de un monumento funerario pues, consideraban los críticos, la meditación no sería posible en un sitio tan transitado; ¿cómo llorar a los muertos en medio de la explosión de los caños de escape y el ruido de los motores, las frenadas y las bocinas, bajo la mirada de miles de transeúntes casuales? (Livingston, en *Clarín*; *Diario Popular*, 9/5/90; Camogli, en *Humor*, mayo de 1990).

El monumento, además, recortaba parte del declive de la barranca en el espacio verde de cuatro manzanas de la plaza San Martín, precisamente en un área polucionada por gases y ruidos.

El emplazamiento reavivaba el tono de conflicto internacional por ubicarse justo frente a la representación emblemática de Gran Bretaña en Buenos Aires. Cruzando la Avenida del Libertador se levanta un símil del Big Ben londinense donado por la comunidad británica residente en Buenos Aires al cumplirse el centenario del grito criollo de autonomía de 1810 que, según la mitología nacional, condujo a la independencia argentina. Este edificio de 70 metros de altura conocido por los porteños como "La Torre de los Ingleses", se erige en la "Plaza Britannia", denominación reemplazada por "Plaza Fuerza Aérea" ni bien comenzó el conflicto de 1982. La mayoría de los críticos identificaba la elección del lugar con una reivindicación nacional eternizada en la piedra. Así lo expresó el editorial del tradicional diario que Bartolomé Mitre fundara en la segunda mitad del siglo XIX.

> Es de presumir que el emplazamiento fue escogido —no se sabe a ciencia cierta por quién— porque enfrenta a la ex plaza Británica, ahora denominada Fuerza Aérea Argentina y a la famosa y tradicional Torre de los Ingleses. La decisión no es afortunada, pues parecería querer afirmar en el tiempo una actitud de hostilidad, inconducente con los objetivos de recuperación de los derechos argentinos sobre las islas y en nada acorde, además, con la política de restablecimiento de las relaciones con Gran Bretaña propugnada, razonablemente, por el gobierno nacional (*La Nación*, 14/5/90).

El editorial observaba que el lugar del monumento subordinaba el sentido funerario a la afirmación de los derechos argentinos sobre las islas del Atlántico Sur, desmintiendo la existencia del "paraguas" y apelando a un estilo autoritario, por lo inconsulto: "No se sabe a ciencia cierta por quién".[11]

---

[11] Los profesionales civiles acusaban al gobierno de Me-

La última objeción apuntaba a la razón histórica de emplazar al monumento en el predio del héroe de la independencia argentina, ofendiendo a "el más grande de los argentinos", una condición que "por fuerza, quedará menguada de ahora en más" (*La Nación*, 14/5/90). Presidida por la estatua ecuestre del General de los Andes, donde es parte del protocolo que las misiones diplomáticas dejen ofrendas florales en sus visitas a la Argentina, y donde las "colectividades extranjeras" hacían su tributo a la patria adoptiva en 1982, la plaza San Martín era en sí misma un espacio conmemorativo de la gloria de los argentinos, contrastando con el tono funerario del cenotafio y también con el sinsentido de la guerra de Malvinas en la historia nacional (García Vázquez, en *Clarín*, 21/5/90).

A través de sus objeciones los críticos proponían qué y cómo recordar los hechos de 1982. "Malvinas" había sido la "guerra absurda" (Camogli, en *Humor*, mayo de 1990), la iniciativa de los dictadores, únicos culpables de aquellas muertes,[12] de

---

nem y a la Comisión, de operar *manu militari*, aludiendo a que la planificación, subsidio y construcción del monumento fueron sorprendentemente rápidos. Recordaban, de paso, la gestión del primer intendente del Proceso, el brigadier Osvaldo Cacciatore, cuando valiéndose de las topadoras municipales erradicó a 280 mil residentes en villas de emergencia capitalinas entre 1977 y 1978, y a numerosos vecinos de la zona sur de la Capital para construir una autopista. Las alusiones a "las topadoras" eran recurrentes en los escritos y presentaciones de los críticos, como en el titular de un artículo sobre el Monumento, "Paren las topadoras".

[12] Publicaciones opositoras y críticas al Proceso y a la

manera que su recuerdo no podía albergarse junto a los demás tesoros de la argentinidad. El mensaje más temido de tan ostentosa presencia en el corazón de Buenos Aires era que la guerra del Atlántico Sur se enseñoreara, con la excusa de sus muertos, como si en verdad hubiera sido declarada y apoyada por todo el pueblo argentino.

La manera de enderezar esta interpretación era segregar el duelo al ámbito de los deudos. Los muertos (esposos, padres, hermanos e hijos) deberían ser llorados por sus familiares en un duelo íntimo. Un notorio arquitecto propuso entonces "la creación de un bosque donde cada árbol tuviera el nombre de una de las víctimas de la contienda" de modo que los muertos se continuarían en la vida de otros seres, en "la paz y el sosiego de un umbroso bosque de permanente recuerdo. Un lugar productor de oxígeno para una de las ciudades con menor relación espacios verdes/kilómetro cuadra-

---

Guerra de Malvinas, como la revista *Humor* y el diario capitalino *Página/12*, expresaron esta percepción. En un artículo de contratapa el escritor argentino Antonio Dal Masetto puntualizó, meses después de la inauguración, que el Monumento no significaba nada para quienes estaban inscritos en las placas, pero que "para los culpables de sus muertes, [...] aquellos que en nombre de la gloria o vaya a saber qué oscuros designios organizaron fríamente la matanza, la posibilidad (algún día, algún remoto día, tal vez inexistente día) de meditar sobre el gran crimen cometido. [...] Ese muro sembrado de nombres seguramente representa [...] un símbolo atroz de la atroz estupidez humana" (Dal Masetto, en *Página/12*, 30/4/91). Para Camogli, la guerra había sido "un absurdo enfrentamiento" (*Humor*, mayo de 1990).

do en el mundo" (Livingston, en *Humor*, mayo de 1990).

Por su parte, los agentes del gobierno replicaban en la misma línea que sus contendientes intentando reunir el sentido funerario y patriótico de los hechos de 1982, pero prescindiendo de su simbología militar y bajo la jefatura del presidente. Las autoridades de la Comisión refutaron las objeciones atribuyendo el monumento a la "iniciativa presidencial" de Menem para "perpetuar un justo homenaje a los caídos en la contienda", levantando "una clara columna de apuntalamiento al espíritu nacional [...] que por encima de todo sectarismo contribuye a engrandecer a los pueblos" (Quiñones y Lo Tártaro, en *Clarín*, 11/5/90). La parte baja de la barranca de la Plaza San Martín era el lugar ideal precisamente por las razones que esgrimían sus antagonistas.

> Lugar importante. Mucha circulación, incluso de turistas. Amplitud. Similitud con otras ciudades: el monumento a los caídos en Vietnam está en el centro de Washington.
>
> (Periodista) —¿Un homenaje a los héroes de Malvinas no puede terminar en un ataque a la Torre de los Ingleses, el símbolo del enemigo, en un momento en que hay claras y firmes negociaciones de paz definitiva con Inglaterra, intercambio de embajadores, reanudación de relaciones comerciales?
>
> —Creo en la madurez de los ciudadanos. Además el monumento no reivindica la guerra: recuerda a los muertos. Incluso a los muertos ingleses. Lo dirá una inscripción al pie del mástil:[13] La nación rinde home-

---

[13] Jamás encontré esta placa ni antes ni después de la reforma del monumento en 1995.

naje a quienes llevan en su cuerpo o en su memoria las huellas del combate. No olvide, además, que la Torre de los Ingleses no fue regalada por el gobierno británico sino por los residentes ingleses en el país (Quiñones, en *Gente*, 17/5/90).

Se esgrimía, además, que no se había mutilado el espacio verde, sino sólo seccionado 300 metros cuadrados de césped sin derribar un solo árbol. Con respecto a la exclusividad sanmartiniana de la plaza, el arquitecto destacaba el carácter militar del predio: "ese lugar tiene tradición *ad hoc*: fue el campo de la gloria en las invasiones inglesas, asiento original del regimiento de Granaderos y punto de ejercicios militares en el siglo pasado. No se inventó nada nuevo" (ibíd.).

La Comisión respondía a los críticos destacando que el Estado debía presidir el homenaje como mediador de un linaje nacional manifiesto en el contenido y el formato del monumento a quienes habían caído en nombre de la Patria. En su representación, el Estado convocaba a recordar en unidad, "por encima de todo sectarismo". Esta convocatoria miraba en dos direcciones: hacia adentro y hacia afuera de la Nación.

Para asegurar la "memoria correcta" que debería comunicar el cenotafio, los agentes oficiales describieron al público el formato del monumento. "Son 649 nombres que no llevarán grado ni orden alfabético, para sugerir que —más allá de sus orígenes, historias, jerarquía militar o circunstancias de su sacrificio— fueron igualados por la muerte" (ibíd.). Este criterio "democrático" por el cual una misma placa reúne a quienes murieron o desaparecieron en el mar y en tierra firme, en las Malvinas y en las Georgias del Sur, a correntinos, porteños, salteños y bonaerenses, a suboficiales, oficiales y soldados, a pilotos, infantes de marina y de Ejército, etc., presenta a los "caídos" como personas individualizadas por sus nombres. Tomando como modelo al "Vietnam Memorial" de Washington DC, en la ausencia del arte figurativo y en la exposición de los nombres sobre placas negras especulares, la construcción se hacía eco de una nueva tradición monumental homenajeando a ciudadanos individualizados, partícipes del mismo conflicto bélico, y bajo el mismo pabellón argentino. El cenotafio devolvía a los militares a un punto céntrico de la ciudad, pero diseminados con los civiles en su mayoría conscriptos.

Hacia afuera, y para evitar el antagonismo con Gran Bretaña, los voceros de la Comisión restaron importancia al carácter internacional del cenotafio señalando, primero, que la Torre no representaba a la nación británica como tal, sino a los residentes británicos en Buenos Aires, y segundo que la oposición Argentina-Gran Bretaña podía ser integrada a una "disputa anticolonial", en la misma línea de pensamiento que Groussac, Palacios, los hermanos Irazusta y los Cóndores. Sin embargo, en 1990 la Argentina no guardaba, para el gobierno, una relación de colonia-metrópoli con Gran Bretaña.

En efecto, la plaza San Martín había sido el campo de batalla entre el Imperio Británico y el Español en la Reconquista de 1807, protagonizada por una fuerza de infantería local y por los pobladores.

Unos años después fue el lugar donde San Martín preparó a sus soldados del novel cuerpo de caballería "Granaderos a Caballo", para cruzar los Andes y terminar con el orden colonial en América del Sur. La plaza permitía, primero, ligar las Invasiones Inglesas con la gesta libertadora, pues la historiografía oficial argentina considera a aquéllas como el antecedente directo de la proclama de 1810 y de la declaración de la independencia en 1816 y, segundo, articular las Invasiones Inglesas y la formación de los Granaderos con Malvinas.

El efecto de retrotraer el fundamento histórico del lugar al pasado colonial y a la gesta sanmartiniana, ubicando allí el monumento, obviaba tanto las circunstancias de ocupación británica de 1833 como las de la ocupación argentina de 1982. Todos acordaban en que la plaza San Martín era un espacio nacional (e, implícita o explícitamente, que la plaza Britannia pese a su rebautismo aeronáutico seguía siendo un territorio extranjero). La localización del Monumento a los Caídos en un "territorio nacional" y bajo el monumento ecuestre del "Padre de la Patria" sugería que San Martín prohijaba a los apellidos/nombres de las placas. Este linaje en que los "héroes" o "caídos" de Malvinas descendían, incluso topográficamente, del mismo padre era precisamente el blanco central de los críticos, quienes también podían considerarse hijos suyos.

La posibilidad, rechazada por profesionales, vecinos y periodistas, de compartir la misma línea paterna con quienes yacían en las placas e, indirectamente, con quienes los habían conducido, era el eje de un debate que comenzó en los 74 días de Malvinas, continuó con la reacción ante la noticia de la rendición, prosiguió con la disputa civil a los militares por la filiación-representación de los exsoldados y culminó con el intento de Alfonsín de poner orden (cívico-militar) en la casa de la Nación.

Ahora el Monumento a los Caídos en Malvinas ponía en evidencia el doble juego de la estrategia presidencial, apelando al parentesco como vía de integración de la Nación, y a la Nación como restauración del parentesco. En la misma línea de Alfonsín en sus "Felices Pacuas", también Menem trataba de restaurar la Nación como casa de todos los argentinos, emplazando el monumento en un espacio simbólico de la argentinidad. El parentesco de deudos y muertos, manifiesto en el carácter funerario del cenotafio, se reforzaba bajo la filiación del Padre de la Patria, San Martín. No era éste un homenaje a las Fuerzas Armadas; la ausencia de simbología militar y la equiparación de rangos bajo la sucesión no jerárquica de los apellidos-nombres reintegraban en la misma superficie y como igualmente argentinos a oficiales, suboficiales y soldados, y a los muy pocos civiles de los buques mercantes y del Crucero General Belgrano caídos en las hostilidades. Sin aludir a las Fuerzas Armadas ni al Proceso, Menem destacó esta reintegración ubicándose como mediador-conciliador a través de la memoria, término que hasta el momento reivindicaba públicamente la búsqueda de los desaparecidos entre 1976 y 1980. No casualmente aludió, en su discurso inaugural, al título del informe de la CONADEP, cuando señaló que el monumento debía ser considerado "no sólo como la conmemoración de un acontecimiento remoto y lejano" sino que debía servir para que "nunca más reneguemos de nuestros momentos de gloria" y para que "ningún compatriota sufra de amnesia colectiva, o de olvido casual frente a quienes se jugaron la vida por la Patria y para la Patria" (*Clarín*, 25/6/90).

Esta postura era precisamente la opuesta a la de los críticos del Monumento, para quienes los lazos de parentesco de los caídos pertenecían al dominio de sus respectivas familias, no al dominio de la Nación. Honrar a los "muertos" por razones humanitarias significaba erradicar toda referencia al patriotismo, es decir, optar por un lugar distante geográfica y simbólicamente de un espacio emblemático de la Nación, como la plaza San Martín. Ciertamente, esta propuesta escindía a Malvinas de la Nación; "Malvinas" había sido la guerra del Proceso y por lo tanto su derrota; muy lejos quedaba la causa nacional y popular de soberanía que en 1982 reforzó la iniciativa de la junta haciendo innecesario incluso alertar contra la deserción; los jóvenes conscriptos iban al Sur, como la gente a la plaza y a la calle. Por eso, la escisión que sugerían quienes abogaban por un monumento humanitario, no político ni mucho menos nacional, marginaba a un "sitio adecuado", por lo alejado y silencioso, las razones eminentemente políticas, esto es, nacionales, de aquellas muertes. Sin embargo, levantar un monumento funerario implicaba una decisión profundamente política, al presentar a los deudos como los únicos directamente afectados por las muertes en el Atlántico Sur; como si la República Argentina en su totalidad no hubiera entrado en guerra; como si Malvinas, la loca aventura, el fiasco, sólo le perteneciera a los comandantes del Proceso y a la corporación militar.

Entre tanto, y como en 1987, el presidente y los voceros de la Comisión "olvidaban" a otros protagonistas de la guerra, pues los ex soldados eran socios fundadores de ese monumento. En los años que siguieron a 1983, en cada aniversario del 2 de abril, los excombatientes ocupaban la plaza Britannia. En 1983, por ejemplo, las organizaciones de ex soldados y las juventudes políticas se apostaron al pie de la Torre de los Ingleses e hicieron su acto con consignas antiimperialistas y antiprocesistas. En 1984 se tumbó la estatua de Lord Georges Canning, primer ministro británico y considerado por la historiografía oficial como el adalid del reconocimiento inglés a la independencia argentina en 1825, y por los revisionistas como el principal gestor de la primera deuda externa argentina con la Baring Brothers. La estatua, que estaba a unos metros de la Torre, fue arrojada al Río de la Plata, dejando el pedestal vacío durante años (de ahí la pregunta del periodista sobre los riesgos de una contienda "entre monumentos").

En suma, éste era el lugar donde volvía a actuarse la causa popular y nacional anticolonialista que contribuyeron a forjar Groussac, Palacios, los hermanos Irazusta, los Cóndores, los gobiernos argentinos, la mayoría de los partidos políticos, la sociedad civil, las "colectividades extranjeras", y ciertamente el Proceso. El monumento inaugurado por Menem cruzó la Avenida del Libertador y asentó los nombres en un espacio definido como propio de la Nación, no en un campo de batalla ni en las filas enemigas. Las huellas de la historia fueron desde entonces ineludibles. Como el muro sostén es ligeramente cóncavo, las placas componen un espejo que converge en un vértice común; ese vértice es la Torre de los Ingleses que se refleja en cada una de las 25 placas. A ellas se acercan hombres, mujeres y jóvenes con frecuencia casi diaria, y siempre los 2 de abril, en medio de las bocinas y ante la mirada veloz de los transeúntes, para recorrer con la punta de los dedos las letras grabadas en el mármol, para depositar un clavel o un ramo de flores sobre el zócalo, para colgar un rosario y dejar una foto, una carta sin sobre, o un cigarrillo encendido. En el lugar acertado o errado, el monumento devino un campo santo donde los deudos reconstruyen, lo mejor que pueden, su linaje perdido en las tierras ahora distantes del Atlántico Sur.

Reflexiones finales

La intención de este libro ha sido provocar nuevos interrogantes sobre viejas y no tan viejas certezas a través de las cuales los argentinos, como tantos otros pueblos, solemos clausurar episodios dolorosos de nuestro pasado. Preguntar "¿por qué Malvinas?" es, entonces, entrar a sabiendas en un campo tan espinoso como incierto, evocador de justicias e injusticias; reivindicaciones y retiradas; afirmaciones y negaciones. Para empezar a recorrerlo optamos por sumergirnos en el reino de las paradojas que suscitó y suscita el episodio de Malvinas, tal como fueron experimentadas, planteadas y resueltas por sus propios actores.

En ese recorrido, ordenado temporalmente, hemos descubierto algunas constantes de los tres sentidos de Malvinas —las islas, la causa y la guerra— que pueden sintetizarse con los conceptos "nación", "historia" y "memoria". La articulación de las tres acepciones de Malvinas es posible porque en cada una de las etapas que presenta este libro —antes de 1982, 1982, y posterior a 1982— los argentinos hemos hecho de Malvinas una representación y un uso particular de nuestra nación, nuestra historia y nuestra memoria.

En vez de buscar las esencias de la argentinidad, y ubicar entre ellas a las Islas Malvinas y su reclamo, hemos preferido entender a la Nación como un símbolo construido de comunidad que nos habla sobre la relación entre el Estado con sus sujetos y con otros Estados (Trouillot, 1990; Verdery, 1993). Por consiguiente, no hemos clasificado a la Nación y a las adhesiones nacionales de los argentinos desde las tipologías dictadas por la filosofía política, sino que hemos explorado, a través de esa lente particular llamada "Malvinas", los sentidos que los argentinos le hemos dado al símbolo Nación en distintos contextos histórico-políticos, cómo hemos construido su relevancia, y a qué tipo de acciones nos ha impulsado.

La causa de Malvinas alude, además, a la "historia". Aquí nuestra opción ha sido más que dirimir la justicia de la reivindicación territorial, establecer el sentido que el pasado –la "usurpación"– cobró en los distintos presentes en que lo hemos invocado. El sentido con que hemos utilizado el concepto de "historia" es más afín al de una "narración" que, condicionada social y políticamente, selecciona algunos "hechos" pretéritos y los recrea en una cadena plausible de sentidos (Trouillot, 1995).

Desde esta perspectiva, la historia se entreteje con su concepto primo-hermano, la "memoria". En vez de apelar al "buen recuerdo" de lo ocurrido –los 74 días de fervor patriótico, ¿estuve o no estuve yo de acuerdo con la "recuperación"?–, hemos retratado los distintos usos del pasado, enfatizando no tanto nuestra capacidad de duplicar en el recuerdo los hechos que vivimos tal cual ocurrieron sino nuestra selectividad experiencial. Desde esta perspectiva, "memoria" remite a elaboraciones sobre el pasado, a procesos de organización sociocultural de la invocación del pasado en el presente, que no se dan de una manera caprichosa (Halbwachs, 1980; Passerini, 1987; Popular Memory Group, 1982). La atención se posa aquí en el objeto de recordación, como también, y fundamentalmente, en los agentes de recordación y en nociones histórica y culturalmente específicas de olvido y memoria, tiempo, selección, registro y transmisión del pasado (Guber, 1994). Por eso, la memoria depende de "convicciones sustanciales de los miembros de la sociedad en relación a partes del pasado, así como de ideas generales acerca de lo que es históricamente plausible" (Peel, 1984, p. 112). Dado que esas convicciones son parte de las relaciones sociales actuales de los agentes, lo "históricamente plausible" se redefine constantemente (Trouillot, 1995, p. 13). Este libro, pues, trató de explorar nuevas "plausibilidades" que permitieran dar cuenta más y mejor de las decisiones políticas que los argentinos adoptan con respecto a su pasado.

Suele decirse que la historia difiere de la memoria en dos aspectos. En primer lugar, aquélla aludiría a un pasado lejano que no ha sido vivido por los contemporáneos (por ejemplo, la toma británica de 1833), mientras que la memoria destacaría la propia experiencia y la de las generaciones contiguas (por ejemplo, la guerra de 1982). En segundo lugar, la historia estaría a cargo de los expertos, los historiadores académicos que, como Groussac, reconstruyen el pasado fundamentalmente sobre la base de fuentes contemporáneas a los hechos, generalmente escritas, en tanto que la memoria estaría a cargo de la gente corriente, se transmitiría por canales informales, y especialmente por la vía oral (como lo que cuentan los ex soldados de su estadía en las islas). Estas distinciones son sumamente opinables y no alcanzan para caracterizar complejos e interrelacionados campos de conocimiento (Küchler y Melion, 1991; Portelli, 1991; Schwartztein, 1991; Guber, 1994, 1996). Pero lo son aun más si atendemos a los usos que hemos hecho los argentinos durante el siglo XX de uno y otro término. El caso de Malvinas muestra que la memoria y la historia se potencian mutuamente no sólo por la presencia de versiones alternativas de contra-historia, sino también porque lo que anuda a ambas es la Nación. Y como siempre que se habla de Nación se evoca míticamente cierto pasado, como decía Claude Lévi-Strauss el mito suprime el tiempo e introduce el pasado como un argumento eficaz para el presente.

La cuestión de Malvinas ha remitido a la Nación Argentina desde 1833. Como dominio y luego como sustracción, las islas se reconocen como una extensión geográfica en una Nación concebida como una jurisdicción territorial, más que racial o étnica. Coherentemente, la causa nacional comienza a gestarse en el período de la Organización Nacional, la centralización del Estado y la definición de sus límites. Pero Malvinas alude a la Nación también en otro sentido, pues casi simultáneamente al nacimiento argumental de los derechos argentinos sobre el archipiélago en la esfera oficial (1910), su incorporación y sobre todo su pérdida aluden al orden político interno. En este proceso Malvinas se invoca como, y se convierte en, la representación de un país que es vivido no tanto como una progresiva conquista sino como una pérdida constante. La recuperación de la pérdida es invocada como la restauración de una edad de oro que quedó en el pasado; la recuperación de las islas se convierte, así, en metáfora de la recuperación final de la Argentina.[1]

Esta orientación ha obligado a los argentinos a mirar hacia el pasado; la temporalidad no es creciente sino estática o, aun, cíclica. La historia puede repetirse porque el presente es parte del pasado y, en ese sentido, la historia es tan actual, contemporánea y experiencial como la memoria. Por eso, tener una causa pendiente es una herida abierta que debe cerrar... pero no cierra.

> Todo cuanto se haga en este sentido servirá para demostrar la solidez de los títulos argentinos y para evidenciar, al mismo tiempo, cómo la República no olvida que existe un trozo de su territorio sobre el cual no ondea el pabellón nacional (Caillet-Bois, 1948, p. 15).

---

[1] Observaciones similares se desprenden de un estudio sobre el Servicio de Psiquiatría del Hospital Aráoz Alfaro en Lanús, provincia de Buenos Aires (Visacovsky, 2001).

La "temporalidad pendiente" señala un mandato del pasado hacia el futuro; el presente sólo puede cumplir ese mandato para restaurar lo perdido.

Cabe entonces preguntarse ¿qué es lo perdido y lo pendiente? Henos aquí la ambigüedad y la fortaleza del símbolo Malvinas que, como hemos visto, alude simultánea y sucesivamente a la pérdida territorial; a la pérdida de la república jerárquica; a la exclusión social y política de los trabajadores, de las masas, del peronismo, de Perón; a la entrega de la Nación por la oligarquía exportadora; a la caída de la posición de la Argentina en el concierto mundial de las naciones; a la pérdida de los derechos políticos y civiles, y a la pérdida de la soberanía popular. Henos aquí, también, la pluralidad de agentes, generalmente comprendidos dentro de las fronteras nacionales, invocados para explicar pérdidas, exclusiones y entregas.

Las Islas Malvinas, entonces, se fueron convirtiendo en un excelente vehículo para, primero, denunciar la usurpación interna de la política y los derechos individuales, sociales y ciudadanos, y, segundo, para metaforizar la continuidad de una Nación vivida como discontinua y fracturada por su conflictivo proceso político. ¿Por qué las Islas Malvinas, entonces, pudieron convertirse en símbolo de la continuidad de la Nación? Precisamente porque su poder metafórico no sólo residió en haber sido ocupadas por el "gigante" imperial; además, y fundamentalmente, al pertenecer sólo idealmente al dominio argentino, las islas no participaron de los tramos más amargos de su fragmentada historia; preservaron entonces su capacidad de encarnar la "plena argentinidad" mucho más que cualquier otro símbolo que, dentro del continente, hubiera caído en el fuego cruzado de los enemigos.

Es lógico, entonces, que el efecto inmediato del 14 de junio hubiera sido subsumir "causa nacional" y "archipiélago" bajo el concepto de "guerra", y someter a "Malvinas" al "olvido" y la "condena absoluta". Pero esto no significa que, efectivamente, la gente hubiera olvidado; se trata más bien de un olvido premeditado como castigo a los conductores del único episodio en que Malvinas ingresó al campo interno. Coronando las muchas perplejidades del conflicto bélico con esta paradoja de la argentinidad, las Malvinas fueron argentinas mientras estuvieron fuera de la efectiva jurisdicción nacional, porque podían encarnar una unidad inexistente en la Nación y una esencia idealizada; y fueron también argentinas cuando estuvieron gobernadas por argentinos, es decir, cuando empezaron a expresar los "intereses sectoriales" de quienes las ocuparon. Después de la guerra, y la rendición, las Malvinas no pudieron regresar a foja cero; la lucha por la "recuperación" se convirtió en una "guerra absurda" por pasar a integrar un pasado enemigo, el del Proceso y las Fuerzas Armadas.

Esta organización de la memoria por el rechazo y la negación, modalidad que rigió la conceptualización de los argentinos sobre etapas anteriores bajo la conducción de "enemigos políticos", se vio confrontada en el caso de Malvinas por la prevalencia de la unidad nacional. Esto es: en 1982 la Nación, a través de Malvinas, no se consumaba

desde la oposición al Estado sino en comunión
—aun en disidencia— con él. Pero el pasaje de Malvinas al campo del "absurdo" tuvo dos importantes consecuencias. Una fue no permitir "poner orden", es decir, "lógica" y racionalidad a los hechos y los móviles de la acción. La identificación de agentes concretos como actores de esa "locura" fue tan generalizada como evitada, y de ser ineludible se insertó en el reino del caos, del horror, y hasta del pacto diabólico. Así, cuando hoy se habla de Malvinas la reacción es casi unánime, y negativa. Pocos aceptan haber creído que la recuperación fuera posible, o haber participado del fervor malvinero y, por ende, de la justicia de la ocupación. La construcción de la imagen de "los chicos de la guerra" es el mejor ejemplo de qué podía hacerse con la mayor evidencia de que numerosos civiles participaron en el conflicto bélico y muchos otros, sus mayores, prestaron su consenso. La memoria civil ha rescatado a los ex soldados de la (ir)responsabilidad en aquella "locura", por su corta edad y su indefensión, pero a cambio de transformarlos en las víctimas indefensas de sus superiores, no de los británicos.

La segunda consecuencia de recordar desde el "absurdo" fue el descontrol de las matrices de sentido que hicieron posible esa supuesta "irracionalidad". Su resurgimiento, entonces, fue tan imprevisible y cataclísmico como el discurso de cierre de la Pascua de 1987. Entonces, Alfonsín trató de superar el conflicto interno invocando a Malvinas, nuevamente como un vehículo para reintegrar a la Nación. Pero mientras Malvinas seguía sumida en el silencio público desde la rendición, el presidente se empeñaba en reintegrar a la Nación desde los militares rebeldes, quienes se autoerigían no en representantes de la causa nacional del archipiélago sino en la encarnación de una guerra interna, un pasado donde el enemigo no había sido inglés sino argentino. Confirmaban esta impresión sus rostros tiznados, apariencia que no tuvieron en la guerra antisubversiva que los enorgullecía como su máxima victoria. Entre tanto, los ex soldados conscriptos que parecían dispuestos a representar a la sociedad civil y democrática en Malvinas, enseñoreándose con sus pancartas reconocidas por la prensa, quedaban al margen; coherentemente con la imagen que los argentinos quisimos construir y mantener de ellos, ¿qué peso podían tener unos simples "chicos" en la consolidación de la naciente democracia?

La política de Menem fue distinta, quizá porque para diferenciarse de su predecesor, puso a Malvinas en el centro de la escena, y de la ciudad. Con el monumento daba una señal conciliadora hacia las fuerzas armadas en interna discordia, pero también rescataba a Malvinas de su exclusivo dominio militar, y aunque los críticos no lo hayan entendido de este modo, ese nuevo espacio físico y simbólico de las Malvinas en la capital argentina permitió debatir su construcción, decidir actos conmemorativos del 2 de abril, un lugar para la confrontación, la discusión y el encuentro de personas y sectores con distintas perspectivas sobre la guerra —camaradas, compañeros, deudos, militares, civiles—.

Ahora bien. Afirmar que el territorio insular sudatlántico fue inscripto en las luchas internas de los argentinos como una causa nacional, cuya fugaz recuperación venía a dar la imagen de una Nación unida por primera (¿y única?) vez en la vida moderna, no significa que el conflicto de 1982 se debiera a un anhelo largamente esperado. La guerra tuvo móviles que, detrás de su fundamento histórico-jurídico, correspondían al mismo régimen que la desencadenó, ensamblando deseos de proyección y recuperación de legitimidad política con la presión por la apertura electoral de los partidos y la inclusión de la sociedad civil tras seis duros años de represión, opresión y aislamiento. Asimismo, la sociedad que se lanzaba a las calles desde el 2 de abril de 1982 no era la misma que había recibido la noticia del desvío del DC-4 a Port Stanley en 1966, ni tampoco la que leía la versión compendiada de *Las Islas Malvinas* en alguna biblioteca en 1936. Era, en vez, una sociedad castigada por la persecución, la muerte y la desaparición, y efectivamente fragmentada, privada de sus viejos modos de reacción colectiva y organizada. ¿Qué lugar tenía aquí la Nación?

Guillermo O'Donnell señalaba, en 1979, que el Estado burocrático-autoritario de los años sesenta y setenta en el Cono Sur de América Latina excluyó al sector popular suprimiendo las instituciones políticas democráticas y privando a la población de sus identidades de "ciudadano" y de "pueblo". Al eliminar estas dos mediaciones entre el Estado y la sociedad civil, la única mediación aceptable como legítima por dicho Estado era la "nacional". Sin embargo, para O'Donnell la mediación nacional permanecía en un nivel demasiado abstracto para ser cumplimentada por las políticas neoliberales y para ser efectivamente exigida por la población. Esta interesante puntualización, que el autor formulaba tres años antes del conflicto sudatlántico, puede revisarse ahora desde otro ángulo.

"Malvinas" como símbolo de la Nación encarnó la mediación ciudadana y popular. Pero en 1982 la Nación se planteó no en términos políticos y sociales, como durante la mayor parte del siglo XX, sino en el lenguaje del parentesco (Filc, 1997; Da Silva Catela, 2001; Vecchioli, 2000). Por demás "concreto", este lenguaje habitualmente empleado en los argumentos nacionalistas, que vimos recurrentemente durante los 74 días del conflicto y en la posguerra, no era "hijo de" Malvinas; en términos bastante literales, emergió cuando, desde 1977, algunas personas comenzaron a reclamar por el paradero desconocido de otras personas; reclamantes y reclamados eran presentados como unidos por un lazo materno-filial. Las razones de tal convergencia exceden los propósitos de este volumen, pero cabe aquí alguna reflexión final, y ciertamente tentativa. El surgimiento del parentesco filial para denotar vínculos legítimos y, a menudo, fundados en la Nación y la ciudadanía no fue la creación de un sector ideológico en particular sino la expresión de un proceso político que abarcó, en sus distintas circunstancias y manifestaciones, a todos los argentinos. Madres y abuelas de desaparecidos circundaban semanalmente la Pirámide de Mayo ("las Malvinas son argentinas, los desaparecidos también") mientras, a imagen y semejanza, los "familiares de muertos por la subversión" levantaban su derecho al castigo de los "subversivos"; las madres y los padres de los soldados en el frente creaban accesos a los regimientos para saber de sus hijos, mientras que, en la posguerra, los centros de excombatientes y veteranos de guerra se organizaron paralela y conjuntamente con las agrupaciones de "familiares de caídos en Malvinas"; incluso en algunas publicaciones se habló de "los Padres de Plaza de Mayo"[2] para aludir, en 1982, a los familiares que buscaban a sus "hijos desaparecidos" en el Sur.[3]

[2] Por iniciativa de Isaías Giménez, padre del teniente primero M. A. Giménez, un piloto de la Fuerza Aérea desaparecido en acción, se constituyó la Comisión Nacional de Padres de Combatientes Desaparecidos en Malvinas. Esta Comisión demandaba al Estado información acerca de sus familiares, de quienes llegó a especularse que habían quedado como prisioneros-rehenes de los británicos. "No es la primera vez que se encuentran. Más de cinco meses han pasado y sus esperanzas siguen intactas. Son los Padres de la guerra. Son los padres de los desaparecidos y de los 'muertos administrativos' de la guerra de Malvinas" (*Tiempo Argentino*, 30/11/82). Explotando las similitudes, el titular de una revista los apodaba "Los Padres de Plaza de Mayo" (*Siete días*, 24/11/82).

[3] En 1994 la revista cultural *La Maga* publicaba una encuesta a jóvenes estudiantes de escuelas secundarias de la Capital Federal donde se revelaban algunas respuestas que, se sobreentendía, resultaban de la "ignorancia" o la "desinformación". A una de las preguntas "—¿Quiénes son las Madres de Plaza de Mayo?", los jóvenes respondieron: "—Las madres de los chicos de Malvinas".

El parentesco filial dio sentido a la Nación, y la Nación se integró a partir de la filiación, reconstruyendo a la sociedad civil a través del Estado (las remesas para los hijos, hermanos y nietos) y en contra de él ("Galtieri, borracho, mataste a los muchachos"). Las razones por las cuales los lazos de filiación anclaron a la Nación en los sentimientos y demandas de los argentinos siguen pendientes de investigación. Pero quizá pueda adelantarse que, lejos del apoliticismo, la pertenencia nacional se reveló en el parentesco como el canal que los argentinos reinventamos como último bastión legítimo e inapelable de organización social, en los páramos del dolor y de la muerte, haciendo de la pérdida más íntima y entrañable el argumento vital para la continuidad trunca de una Nación sangrante. En este sentido, las "Malvinas" vuelven a mostrar su capacidad para vencer el paso del tiempo. Encarnan ahora los linajes truncos que, sin embargo, seguirán evocando los lazos entre padres, madres e hijos mientras exista la memoria de una herida que comenzó a abrirse mucho antes de 1982.

Bibliografía

A.C.A., Automóvil Club Argentino (1991), *Guía turística Buenos Aires, La Plata y alrededores*. T. 1, Buenos Aires.

ACADEMIA NACIONAL DE LA HISTORIA (1967), *El episodio ocurrido en Puerto de la Soledad de Malvinas el 26 de agosto de 1833*. Testimonios documentales. Buenos Aires, Serie Documental, T. III.

ACUÑA, Carlos H. y Catalina Smulovitz (1995), "Militares en la transición argentina: del gobierno a la subordinación constitucional", en: C. H. Acuña *et al.*, *Juicio, castigos y memorias. Derechos humanos y justicia en la política argentina*, Buenos Aires, Nueva Visión.

AGUIAR, F. R. (coord.) (1985), *Operaciones terrestres en las Islas Malvinas*, Buenos Aires, Círculo Militar.

ALMEIDA, Juan Lucio (1966), "Antonio Rivero, el gaucho de las Malvinas", en: *Todo es Historia*, núm. 20, pp. 8-37.

ANDERSEN, Martin (1993), *Dossier Secreto. El mito de la guerra sucia*, Buenos Aires, Planeta.

ANZORENA, Oscar (1989), *JP. Historia de la Juventud Peronista 1955-1988*, Buenos Aires, Ediciones del Cordón.

Así (1966-1967), Buenos Aires, semanario.

BALZA, Martín Antonio (comp.) (1986), *Malvinas: Relatos de Soldados*, Buenos Aires, Círculo Militar, Biblioteca del Suboficial 154.

BARBERO, María Inés y Fernando Devoto (1983), *Los nacionalistas*, Buenos Aires, Centro Editor de América Latina.

BASCHETTI, Roberto (comp.) (1988), *Documentos de la Resistencia Peronista 1955-1970*, Buenos Aires, Puntosur Editores.

BONZO, Héctor E. (1992), *1093 tripulantes del crucero ARA General Belgrano*, Buenos Aires, Sudamericana.

BORÓN, Atilio (1988), "The Malvinas War: Implications of an Authoritarian State", en: José Silva Michelena (ed.), *Latin America. Peace, Democratization and Economic Crisis*, United Nations University, Londres, Zed Books, pp. 133-148.

BORÓN, Atilio y Julio Faúndez (comps.) (1989), *Malvinas hoy: herencia de un conflicto*, Buenos Aires, Puntosur Editores.

BRAMLEY, Vincent (1992), *Viaje al infierno. Escenas de una batalla en la Guerra de Malvinas*, Buenos Aires, Planeta.

BUCHRUCKER, Cristián (1987), *Nacionalismo y peronismo. La Argentina en la crisis ideológica mundial (1927-1955)*, Buenos Aires, Sudamericana.

BUSSER, Carlos (1987), *Malvinas, la guerra inconclusa*, Buenos Aires, Fernández Reguera.

BUSTOS, Dalmiro M. (1982), *El otro frente de la Guerra: los padres de las Malvinas*, La Plata, Ramos Americana Editora.

CAILLET-BOIS, Ricardo R. (1948), *Una tierra argentina. Las Islas Malvinas*, Buenos Aires, Peuser.

——(1950), "Las Islas Malvinas", en: *Historia de la Nación Argentina. Desde los orígenes hasta la organización definitiva*, Buenos Aires, Academia Nacional de la Historia, Imprenta de la Universidad, vol. VII, pp. 369-413.

CAMOGLI, Ricardo (1990), "El monumento en la plaza San Martín", en: revista *Humor*, mayo.

CAMPOS, Ernesto M. (1966), "La rebelión del gaucho Antonio Rivero", en Muñoz Azpiri (comp.), ob. cit., vol. 3, pp. 47-51.

CANAL FEIJÓO, Bernardo (1970), "Paul Groussac", en: Orgambide, Pedro y Roberto Yahni, Enciclopedia de la Literatura Argentina, Buenos Aires, Sudamericana, 1970.

CANTÓN, Darío, José L. Moreno y Alberto Ciria (1972), *Argentina. La democracia constitucional y su crisis*, Buenos Aires, Paidós.

CARDOSO, Raúl, Adolfo Kirchbaum y Ricardo Van der Kooy (1986), *La trama secreta*, Buenos Aires, Sudamericana.

CAVAROZZI, Marcelo (1985), "Peronism and Radicalism: Argentina's Transition in Perspective", en: Paul Drake y Eduardo Silva (eds.), *Elections and Democratization in Latin America 1980-1985*, San Diego, Center for U.S.-Mexican Studies, Institute of the Americas, University of California.

CAVAROZZI, Marcelo (1986), "Political Cycles in Argentina since 1955", en: Guillermo O'Donnell, Phillip Schmitter y Lawrence Whitehead (eds.), *Transitions from Authoritarian Rule. Latin America*, Baltimore, Johns Hopkins University Press.

CENTRO DE EX SOLDADOS COMBATIENTES EN MALVINAS (1982), *Declaración de Principios*, 26 de agosto.

CIRIA, Alberto *et al.* (1969), *La década infame*, Buenos Aires, Carlos Pérez editor.

CIRIA, Alberto (1972), "Crisis económica y restauración política (1930-1943)", en: Cantón *et al.*, *Argentina. La democracia constitucional y su crisis*, Buenos Aires, Paidós, pp. 121-217.

Clarín, diario (1982-1993), Buenos Aires.

COLLIER, David (ed.) (1979), *The New Authoritarianism in Latin America*, Princeton, Princeton University Press.

COMISIÓN PROTECTORA DE BIBLIOTECAS POPULARES (1936), *Las Islas Malvinas*, versión compendiada de *Las Islas Malvinas* de Paul Groussac, Buenos Aires, Ministerio de Cultura y Educación.

CONADEP (Comisión Nacional por la Desaparición de Personas) (1984), *Nunca más*, Buenos Aires, EUDEBA.

CORRADI, Juan E. (1982), "Argentina: A Story behind a War", en: *Dissent* 29(3), pp. 285-293.

CORRADI, Juan E. (1985), *Argentina: The Fitful Republic. Economy, Society and Politics in Argentina*, Boulder, Westview Press.

Costa, Eduardo José (1988), *Guerra bajo la Cruz del Sur*, Buenos Aires, Hyspamerica.

Costa Méndez, Nicanor (1993), *Malvinas. Ésta es la historia*, Buenos Aires, Sudamericana.

Crónica, diario (1966), Buenos Aires.

Cura, María Renée y Juan Antonio Bustinza (1970), *Las Islas Malvinas y el Antártico*, Buenos Aires, Kapelusz.

Dabat, Alejandro y Luis Lorenzano (1984), *Argentina: The Malvinas and the End of Military Rule Great Britain*, Verso.

Da Fonseca Figueira, José Antonio (1978), *Cómo los poetas les cantaron a las Malvinas*, Buenos Aires, Plus Ultra.

Da Silva Catela, Ludmila (2001), *No habrá flores en las tumbas del pasado. La experiencia de la reconstrucción del mundo de los desaparecidos*, La Plata, Al margen.

Dal Masetto, Antonio (1991), "Monumento a los caídos en Malvinas", en: *Página/12*, Buenos Aires, 30 de abril.

Destefani, Laurio H. (1982), *Malvinas, Georgias y Sandwich del Sur ante el conflicto con Gran Bretaña*, Buenos Aires, Edipress.

Devoto, Fernando J. (comp.) (1993), *La historiografía argentina en el siglo XX*, 2 vols., Buenos Aires, CEAL.

Diario Popular, diario (1982, 1990), Buenos Aires.

Ejército Argentino (1983), *Informe oficial del Ejército Argentino, Conflicto Malvinas*, t. I: Desarrollo de los Acontecimientos; t. II: Abreviaturas, Anexos y Fuentes bibliográficas.

Escudé, Carlos (1990), *El fracaso del proyecto argentino. Educación e Ideología*, Buenos Aires, Tesis.

Esteban, Edgardo y Gustavo Romero Borri (1993), *Iluminados por el fuego. Confesiones de un soldado que combatió en Malvinas*, Buenos Aires, Sudamericana.

Farinella, Jorge R. (Cap) (1985), *Volveremos*, La Plata, Rosario.

Ferrer Vieyra, Enrique (1992), *Segunda cronología legal*

anotada sobre las Islas Malvinas (Falkland Islands), Buenos Aires, Lerner.

FERNS, H. S. (1979), *Gran Bretaña y Argentina en el siglo XIX*, Buenos Aires, Solar.

FILC, Judith (1997), *Entre el parentesco y la política. Familia y dictadura, 1976-1983*, Buenos Aires, Biblos.

FLORIA, Carlos (1998), *Pasiones nacionalistas*, Buenos Aires, Fondo de Cultura Económica.

FOULKES, Haroldo (1983), *Los kelpers en las Malvinas y en la Patagonia*, Buenos Aires, Corregidor, 2ª edición.

FRANCO, Jean (1985), "Killing Priests, Nuns, Women, Children", en: Blonsky Marshall (ed.), *On Signs*, pp. 414-420.

FREEDMAN, Lawrence (1988), *Britain y the Falklands War*, Oxford, Basil Blackwell.

FREEDMAN, Lawrence y Virginia Gamba (1990), *Signals of War. The Falklands Conflict of 1982*, Londres, Faber y Faber.

GAMBA, Virginia (1984), *El peón de la Reina*, Buenos Aires, Sudamericana.

GARCÍA, Héctor R. (1993), *Más de cien veces me quisieron matar*, Buenos Aires, Sudamericana.

GARCÍA COSTA, Víctor O. (1986), *Alfredo L. Palacios. Un socialismo argentino y para la Argentina*, 2 vols., Buenos Aires, Centro Editor de América Latina.

GARCÍA VÁZQUEZ, Francisco (1990), "La 'tumba' de la plaza San Martín", en: *Clarín*, Buenos Aires, 21 de mayo.

Gente, revista (1990), "¡Justo aquí!", Buenos Aires, 17 de mayo.

GILLESPIE, Richard (1987), *Soldados de Perón. Los Montoneros*, Buenos Aires, Grijalbo.

GIUSSANI, Pablo (1987), *¿Por qué, doctor Alfonsín?*, Buenos Aires, Sudamericana-Planeta.

GOEBEL, Julius (Jr) (1950), *La pugna por las Islas Malvinas. Un estudio de la historia legal y diplomática*, Buenos Aires, Ministerio de Marina, Servicio de Informaciones Navales.

GOLDBLAT, Jozef y Victor Millán (1983), *The Falklands/ Malvinas Conflict - A Spur to Arms Build-ups*, Stockholm International Peace Research Institute. JHU

GROUSSAC, Paul (1934/1982), *Las Islas Malvinas*, Buenos Aires, Claridad.

GUBER, Rosana (1994), "Hacia una antropología de la producción de la historia", en: *Entrepasados*, Buenos Aires, vol. 4, núm. 6, pp. 23-32.

——(1996), "Las manos de la memoria", en: *Anuario Antropológico/95*, Brasilia, pp. 191-225.

——(1999), "Alfredo Lorenzo Palacios. Honor y dignidad en la nacionalización de la causa 'Malvinas'", en: *Revista de Ciencias Sociales*, núm. 10, pp. 83-116, Universidad Nacional de Quilmes.

——(2000a), "La recuperación de la frontera perdida. La dimensión mítica en los derechos argentinos a las Islas Malvinas", en: *Revista de Investigaciones Folclóricas*, núm. 15, pp. 77-87.

——(2000b), "Un gaucho y 18 cóndores en las Islas Malvinas. Identidad política y nación bajo el autoritarismo argentino", en: *Mana* 6(2), pp. 97-125, PPGAS, Museo Nacional de Río de Janeiro.

——(2000c), "La nacionalización de 'Malvinas'. De cuestión diplomática a causa popular", en: *Avá*, núm.1, pp. 57-74, Revista del Posgrado en Antropología Social de la Universidad Nacional de Misiones, Argentina.

——(2000d), ¡Felices Pascuas! La ritualización entre la democracia y la dictadura", en: *Mosaico*, Revista de Ciencias Sociales, año 2, 1(2), pp. 119-139. Departamento de Ciencias Sociales, Centro de Estudios Generales, Universidad Federal de Espíritu Santo.

——(2001), "Adopción, filiación y el fracaso de la reciprocidad. El respaldo de residentes extranjeros en la Argentina a la 'recuperación' de las Islas Malvinas en 1982", en: CLAS-CEDLA, Latin American Studies, *European Review of*

Latin American and Caribbean Studies, Amsterdam, Holanda, octubre.

GUY, Donna (1994), *El sexo peligroso. La prostitución legal en Buenos Aires 1875-1955*, Buenos Aires, Sudamericana.

HALBWACHS, Maurice (1980), *The collective memory*, Harper & Row.

HALPERIN DONGHI, Tulio (1970), *El revisionismo histórico argentino*, Buenos Aires, Siglo XXI.

——(1972), *Revolución y guerra. Formación de una élite dirigente en la Argentina criolla*, Buenos Aires, Siglo XXI.

HASTINGS, Max y Simon JENKINS (1984), *La batalla por las Malvinas*, Buenos Aires, Emecé.

HERNÁNDEZ, José (1952), *Las Islas Malvinas*, Buenos Aires, Joaquín Gil.

Humor, revista (1990), mayo, Buenos Aires.

INFORME RATTENBACH (1988), *El drama de Malvinas*, Buenos Aires, Espartaco.

IRAZUSTA, Julio y Rodolfo Irazusta (1934), *La Argentina y el imperialismo británico*, Buenos Aires, Argentinas Cóndor.

JAURETCHE, Arturo. ([1969] 1983), "El comando 'Condor' y el almirante Guzmán", en: *Mano a mano entre nosotros*, Buenos Aires, Peña Lillo editor, pp. 117-122.

JOZAMI, Eduardo, Pedro Paz, Juan Villarreal (1985), *Crisis de la dictadura argentina. Política económica y cambio social (1976-1983)*, Buenos Aires, Siglo XXI.

KAMIN, Bebe (1983), *Los chicos de la guerra*, film.

KINZER-STEWART, Nora (1988), South Atlantic Conflict of 1982: A Case Study in Military Cohesion U.S.Army, Research Institute for the Beharioral and Social Sciences, Research Report 1469.

KON, Daniel (1982), *Los chicos de la guerra. Hablan los soldados que estuvieron en Malvinas*, Buenos Aires, Editorial Galerna.

KÜCHLER, Suzanne y Walter Melion (eds.) (1991), *Images of*

Memory. On Remembering and Representation, Washington DC, Smithsonian Institution Press.

La Maga, revista (1994) 4 (147), 9 de noviembre, núm. 44.

La Nación, diario, 1982-1996, Buenos Aires.

LACOSTE, Pablo (1993), *El socialismo en Mendoza y en la Argentina*, 2 vols., Buenos Aires, Centro Editor de América Latina, Biblioteca Política Argentina.

LANDI, Oscar (1982), "Conjeturas políticas sobre la Argentina post-Malvinas", en: *Revista Mexicana de Sociología* 44 (4), pp. 1225-1247.

La Prensa, diario, 1982-1994, Buenos Aires, Argentina.

LARRA, Raúl, (s/f), "Cronología diaria", en: *La guerra de las Malvinas*, Buenos Aires, Fernández Reguera.

La Semana, revista (1982), Buenos Aires.

LATIN AMERICAN NEWSLETTERS (1983), *Guerra de las Malvinas y del Atlántico Sur en partes oficiales y comparativos*, Buenos Aires, Catálogos.

La Voz, diario, 1982-1983, Buenos Aires, Argentina.

LÉVI-STRAUSS, Claude (1968), *Antropología estructural*, Buenos Aires, EUDEBA.

LEWIS, Paul H. (1993), *La crisis del capitalismo argentino*, Buenos Aires, Fondo de Cultura Económica.

LIVINGSTON, Rodolfo (1990), "Paren la topadora", en *Clarín*, Buenos Aires, 9 de mayo.

LÓPEZ, Ernesto (1987), *Seguridad nacional y sedición militar*, Buenos Aires, Legasa.

—(1988), *El último levantamiento*, Buenos Aires, Legasa.

LUDMER, Josefina (1988), *El género gauchesco. Un tratado sobre la patria*, Buenos Aires, Sudamericana.

MANZILLA, José A. (1987), *Malvinas: hambre y coraje. Diario de un soldado*, Buenos Aires, Abril.

MATASSI, Francisco Pío (1990), *La batalla aérea de nuestras Islas Malvinas*, Buenos Aires, Halcón Cielo.

MENÉNDEZ, María Isabel (1998), *La "comunidad imaginada" en la Guerra de Malvinas*, Buenos Aires, EUDEBA.

MIDDLEBROOK, Martin (1989), *The Fight for the Malvinas*, Penguin Books.

MORO, Rubén O. (1985), *Historia del conflicto del Atlántico Sur. (La guerra inaudita)*, Buenos Aires, Fuerza Aérea Argentina, Revista de la Escuela Superior de Guerra Aérea de la F.A.A., núm.135/136.

MOYA, Ismael (1966), "Cantata al héroe gaucho de las Malvinas", en: Muñoz Azpiri, José L. (comp.), ob. cit., vol. 3, pp. 361-365.

MUNICIPALIDAD DE LA CIUDAD DE BUENOS AIRES (1978), *Rostros de Buenos Aires*, Buenos Aires, Municipalidad de la Ciudad de Buenos Aires.

MUÑOZ AZPIRI, José Luis (1966), *Historia completa de las Malvinas*, 3 vols., Buenos Aires, Oriente.

NAVARRO GERASSI, Marysa (1968), *Los nacionalistas*, Buenos Aires, Jorge Álvarez.

NEWMAN, Kathleen (1991), *La violencia del discurso*, Buenos Aires, Catálogos.

NEIBURG, Federico G. (1992), "O 17 de outubro na Argentina: espaco e producao social do carisma", en: *Revista Brasileira de Ciencias Sociais*, núm. 20.

NOEL, Martín Alberto (1979), *Paul Groussac*, Buenos Aires, Ediciones Culturales Argentinas, Secretaría de Estado de Cultura.

NUESTRAS ISLAS (1987-1989), Publicación de la Casa del Veterano de Guerra, Buenos Aires.

O'DONNELL, Guillermo (1977), "Estado y Alianzas en la Argentina, 1956-1976", en: *Desarrollo Económico*, Buenos Aires, vol. 64, núm. 16, pp. 523-554.

—(1979), "Tensions in the Bureaucratic-Authoritarian State and the Question of Democracy", en: Collier (ed.), ob. cit., pp. 285-318.

OFMLVIM (Oficina Malvinas de Infantería de Marina) (1991),

Desembarco. Cronología de las operaciones del cuerpo de Infantería de Marina en el conflicto del Atlántico Sur/82, Separata núm. 6, Armada de la República Argentina.

Página/12, diario (1990), "Presiones para que el monumento cruce la calle", Buenos Aires, 6 de junio.

PALACIOS, Alfredo L. ([1934] 1984), *Las Islas Malvinas. Archipiélago argentino*, Buenos Aires, Claridad.

PASSERINI, Luisa (1987), *Fascism in Popular Memory: the cultural experience of the Turin working class*, Cambridge University Press.

PEEL, J. D. Y. (1984), "Making History: The Past in the Ijesha Present", en: *Man*, 19(1), pp. 111-132.

PERALTA RAMOS, Mónica (1987), "Toward an Analysis of the Structural Basis of Coercion in Argentina: The Behavior of the Major Fractions of the Bourgeoisie, 1976-1983", en: Mónica Peralta Ramos y Carlos H. Waisman (eds.), *From Military Rule to Liberal Democracy in Argentina*, Boulder, Westview Press, pp. 3-20.

PEREIRA, Susana (comp.) (1984), *Viajeros del siglo XX y la realidad nacional*, Buenos Aires, Centro Editor de América Latina.

PIAGGI, Italo A. (1994), *El combate de Goose Green*, Buenos Aires, Planeta.

PION-BERLIN, David y Ernesto LÓPEZ (1992), "A House Divided: Crisis, Cleavage, and Conflict in the Argentine Army", en: Edward C. Epstein (ed.), *The New Argentine Democracy - The Search for a Successful Formula Westport*, Connecticut, Praeger, pp. 63-96.

PITT-RIVERS, Julian (1979), *Antropología del honor o política de los sexos*, Barcelona, Crítica.

PITT-RIVERS, Julian y John G. Peristiany (eds.) (1993), *Honor y gracia*, Madrid, Alianza.

POPULAR MEMORY GROUP (1982), "Popular Memory: Theory, politics, method", en: Richard Johnson, G. Mc.Lennan, Bill Scwartz y D. Sutton (eds.), *Making Histories: Studies in history writing and politics*, Minneapolis, University of Minnesota Press, pp. 205-252.

PORTELLI, Alessandro (1991), "Lo que hace diferente a la historia oral", en: Schwartztein, Dora (comp.), *La historia oral*, Buenos Aires, Centro Editor de América Latina.

QUATTROCCHI-WOISSON, Diana (1992), *Un nationalisme de deracines. L'Argentine pays malade de sa memoire*, París, Editions du CNRS.

QUIÑONES, Eduardo y Diego Lo Tártaro (1990), "No vamos a vacilar", en: *Clarín*, Buenos Aires, 11 de mayo.

ROBACIO, Carlos H. y Jorge R. Hernández (1996), *Desde el frente. Batallón de Infantería de Marina N. 5*, Buenos Aires, Solaris.

ROCK, David (1993), *La Argentina autoritaria*, Buenos Aires: Ariel.

RODRÍGUEZ, Ernesto B. (1983), *Visiones de la escultura argentina*, Buenos Aires, Academia Nacional de Bellas Artes.

RODRÍGUEZ MOLAS, Ricardo (1983), *El servicio militar obligatorio*, Buenos Aires, Centro Editor de América Latina.

ROMERO, José Luis (1975), *Las ideas políticas en Argentina*, Buenos Aires, Fondo de Cultura Económica.

ROUQUIÉ, Alain (1982), "Hegemonía militar, Estado y dominación social", en: Alain Rouquié (comp.), *Argentina, hoy*, Buenos Aires, Siglo XXI.

ROZITCHNER, León (1985), *Las Malvinas: de la guerra "sucia" a la guerra "limpia"*, Buenos Aires, Centro Editor de América Latina, Biblioteca Política, núm. 100.

RUIZ MORENO, Isidoro J. (1986), *Comandos en acción. El Ejército en Malvinas*, Buenos Aires, Emecé.

SCHWARTZSTEIN, Dora (comp.) (1991), *La historia oral*, Buenos Aires, Centro Editor de América Latina.

SHUMWAY, Nicolas (1991), *The Invention of Argentina*, Berkeley, The University of California Press.

Siete Días, revista (1982), 30 de marzo al 14 de junio; 30 de noviembre.

SIMEONI, Héctor y Eduardo Allegri (1991), *Línea de fuego*, Buenos Aires, Sudamericana.

Somos, revista (1982-1983), Buenos Aires.

Somos, revista (1989), "Seineldín entre los pobres", Buenos Aires, 14/2.

Somos, revista (1990), "La guerra del monumento", Buenos Aires, 6 de junio.

SPERANZA, Graciela y Fernando Cittadini (1997), *Malvinas 1982. Partes de guerra*, Buenos Aires, Norma.

TAIANA, Jorge A. (1985), *La gran aventura del Atlántico Sur*, Buenos Aires, El Ateneo.

TAYLOR, Julie M. (1988), "The Drama of Emergent Nationhood: Reenactment in the South Atlantic 1982", en: *Dialectical Anthropology* 12, pp. 229-244.

TESLER, Mario (1966), "La historia del gaucho Rivero", en: *Así*, 11 de octubre, pp. 2-5.

TERZANO, Daniel (1985), *5.000 adioses a Puerto Argentino*, Buenos Aires, Galerna.

Tiempo Argentino, diario (1982), Buenos Aires.

Todo es Historia, revista (1990), "Excombatientes de Malvinas, ocho años de posguerra", 276, junio, pp. 26-41.

TORRE, Juan Carlos y Liliana DE RIZ (1993), "Argentina since 1946", en: Leslie Bethell (ed.), *Argentina. Since Independence*, Cambridge, Cambridge University Press, pp. 243-401.

TORRES REVELLO, José (1953), *Bibliografía de las Islas Malvinas. Obras, mapas y documentos*, Buenos Aires, Imprenta de la Universidad.

TROUILLOT, Michel-Rolph (1990), *Haiti. State against Nation*, Nueva York, Monthly Review Press.

——(1995), *Silencing the Past: Power and the Production of History*, Boston, Beacon Press.

TÚROLO, Carlos M. (h.) (1982/1985), *Así lucharon*, Buenos Aires, Sudamericana.

VAZEILLES, José (1967), *Los socialistas*, Buenos Aires, Jorge Álvarez.

VECCHIOLI, Virginia S. (2000), *Los trabajos por la memoria. Un esbozo del campo de los derechos humanos en la Argentina a través de la producción social de la categoría "víctima del terrorismo de Estado"*, tesis de Mestrado, UFRJ, Museu Nacional, PPGAS, Río de Janeiro, Brasil.

VERBITSKY, Horacio (1984), *La última batalla de la Tercera Guerra Mundial*, Buenos Aires, Legasa.

VERDERY, Katherine (1993), "Whither Nations and Nationalism?", en: *Daedalus*, 122 (3), pp. 37-46.

VILLARREAL, Juan M. (1987), "Changes in Argentine Society: the Heritage of the Dictatorship", en: Mónica Peralta Ramos y Carlos H. Waisman (eds.), *From Military Rule to Liberal Democracy in Argentina*, Boulder, Westview Press, pp. 69-96.

VISACOVSKY, Sergio E. (2001), *El Lanús. Memoria, política y psicoanálisis en la Argentina (1956-1992)*, Tesis doctoral, Departamento de Antropología, Universidad de Utrecht, Países Bajos.

WAISMAN, Carlos (1989), "Argentina", en: Linz Diamond y Lipset (eds.), *Democracy in Developing Countries*, Boulder-Londres, Rienner-Adamantine.

WOODWARD, Sandy (Admiral) y Patrick Robinson (1992), *Los cien días. Las memorias del comandante de la flota británica durante la guerra de Malvinas*, Buenos Aires, Sudamericana.

ARCHIVOS

Archivo diario *Clarín* (Buenos Aires)
Archivo diario *La Nación* (Buenos Aires)
Archivo personal Ricardo Ahe (Buenos Aires)
Archivo personal Miguel Rodríguez Arias (Buenos Aires)
Archivo personal Federico Urioste (Buenos Aires)

Índice

Prólogo 7

Introducción 15

1. La guerra justa 25
   Todos unidos... 29
   "Sectores y banderías" 40
   "El profundo sentir del
      pueblo argentino" 46

2. La guerra pendiente 65
   Les Îles Malouines 69
   Las Islas Miserables 75
   Las Islas Irredentas 82
   Las Islas Liberadas 90

3. La guerra absurda 107
   Los chicos de la guerra 115
   Felices Pascuas 128
   Los nombres 143

Reflexiones finales 159

Bibliografía 173

Se terminó de imprimir
en el mes de agosto de 2001
en Nuevo Offset, Viel 1444,
Buenos Aires, Argentina.
Se tiraron 2000 ejemplares.

Otros libros publicados por el Fondo de Cultura Económica

Serie Breves dirigida por Enrique Tandeter

De Cristóbal Colón a Internet
Aldo Ferrer

La democracia exigente
Gianfranco Pasquino

La marcha de los locos
Entre las nuevas tareas, los nuevos empleos
y las nuevas empresas
Ricardo Ferraro

La República explicada a mi hija
Régis Debray

*Igualdad y diversidad. Las nuevas tareas
de la democracia*
Alain Touraine

A través de las fronteras.
Los lugares y las ideas en el transcurso
de una vida
Alberto O. Hirshman

*Neoconservadorismo versus
capitalismo competitivo*
Roberto Lavagna

El gran eslabón.
Educación y desarrollo en el umbral
del siglo XXI
Martín Hopenhayn - Ernesto Ottone

El ciclo de la Tierra
Minerales, materiales, reciclado,
contaminación ambiental
Eduardo A. Mari

Educar en la sociedad del conocimiento
Juan Carlos Tedesco

Siete ensayos sobre Walter Benjamin
Beatriz Sarlo

Las religiones explicadas a mi hija
Roger Pol-Droit

Marginalidad y exclusión social
José Nun

Pasado y presente de los verbos leer *y* escribir
Emilia Ferreiro

La izquierda explicadas a mis hijas
Henri Weber

El potrero, la pista y el ring
Eduardo P. Archetti

Argentina y Brasil en la globalización
Aldo Ferrer-Helio Jaguaribe

Nuevo país, nueva pobreza
María del Carmen Feijoó

Las coaliciones políticas en la Argentina
El caso de la Alianza
María Matilde Ollier

La universidad argentina en tránsito
Ensayo para jóvenes y no tan jóvenes
Marcela Mollis

Printed in the United States
5635